KIEZSPAZIERGÄNGE DURCH CHARLOTTENBURG-WILMERSDORF

BAND 1

text. verlag
. edition berlin

Gitschiner Straße 61
D-10969 Berlin

Telefon (030) 695 04 845
Fax (030) 695 04 846
e-mail info@textpunktverlag.de
Internet www.textpunktverlag.de

IMPRESSUM

Herausgeber:
Bezirksamt Charlottenburg-Wilmersdorf von Berlin

Karl-Heinz Metzger
Kiezspaziergänge durch Chalottenburg-Wilmersdorf, Band 1

Berlin: text.verlag, 2005
ISBN 3–938414-01-4

Layout und Gestaltung:
Sybille Zerling, text.verlag | verlagsservice, Berlin

Fotografie und Reproduktionen:
Siehe Bildnachweis Seite 201

Druck:
TRIGGERagent, Berlin

Printed in Germany

KIEZSPAZIERGÄNGE DURCH CHARLOTTENBURG-WILMERSDORF

BAND 1

HERAUSGEGEBEN VOM BEZIRKSAMT
CHARLOTTENBURG–WILMERSDORF

text. verlag
. edition berlin

Kiezspaziergänge

Vorwort

von Bezirksbürgermeisterin Monika Thiemen

Als ich bei meinem Amtsantritt im Dezember 2001 die Idee der Kiezspaziergänge von meinem Vorgänger übernahm, ahnte ich nicht, zu welch großem Erfolg sich dieses Angebot entwickeln würde. Inzwischen treffen sich bei uns immer am zweiten Samstag im Monat um 14.00 Uhr rund 300 interessierte Bürgerinnen und Bürger, um während eines zwei- bis dreistündigen Spazierganges etwas über einen kleinen Teil unseres Bezirks Charlottenburg–Wilmersdorf zu erfahren.

Wir mussten extra für diesen Zweck eine transportable Lautsprecheranlage beschaffen, damit alle Teilnehmerinnen und Teilnehmer verstehen können, was ich über die Straßen, Plätze, Parks, Häuser, Denkmäler, Skulpturen und Gedenktafeln, an denen wir vorbeikommen, zu erzählen habe. Wenn ich einmal verhindert bin, übernimmt meine Kollegin oder einer meiner Kollegen aus dem Bezirksamt die Führung. Häufig werden uns auch im Laufe eines Kiezspazierganges Kirchen, Museen, Bibliotheken, Universitäten, Forschungseinrichtungen, Theater, Unternehmen oder andere Einrichtungen von den jeweiligen Leitern, Präsidenten oder von kompetenten Fachleuten vorgestellt.

Der Leiter unserer Pressestelle, Karl-Heinz Metzger, organisiert die Kiezspaziergänge, recherchiert und schreibt die Texte. Natürlich wird er dabei unterstützt von unseren Ämtern und Einrichtungen, vor allem vom Heimatmuseum mit seiner Leiterin Birgit Jochens, vom Umweltamt und vom Stadtplanungsamt.

Meine ursprüngliche Idee, immer abwechselnd einmal eine längere Wanderung und beim nächsten Mal einen kürzeren Spaziergang mit ausführlichen Erläuterungen anzubieten, mussten wir bald aufgeben. Die Menschen, die zu uns kommen, wollen nicht wandern, sondern möglichst viel erfahren über den Bezirk in dem sie leben. Manche kommen auch von außerhalb und sind begeistert darüber, welche historische gewachsene Vielfalt bei uns zu entdecken ist.
Häufig geht es um die Geschichte, um bedeutende Persönlichkeiten, die hier gelebt haben, um historische Orte oder um bedeutende Kunstwerke, Architektur, Gartengestaltung oder Kunst im öffentlichen Raum. Auch aktuelle kommunalpolitische Diskussionen, Bauvorhaben oder andere Zukunftsprojekte werden vorgestellt. Aber an politischem Streit sind die Menschen nicht interessiert. Das mussten manchmal Mitglieder von Bürgerinitiativen erfahren, die – etwa am Henriettenplatz oder am Stuttgarter Platz – ihre Sorgen mitteilen und für ihre Ansichten werben wollten. Unmutsäußerungen aus dem Publikum machten ihnen schnell klar, dass sie sich kurz fassen mussten.
Auch nach bald 50 Kiezspaziergängen sind wir noch längst nicht am Ende. Wir alle lernen jedes Mal dazu und finden immer wieder neue interessante Ecken, die wir vorher noch nicht so genau kannten.

Den Begriff »Kiez« fassen wir großzügig auf. Einmal wurde ich gefragt, ob er nicht ein wenig anrüchig sei, aber dieser Hamburger Beigeschmack hindert uns nicht daran, die gute Berliner Tradition der Kiezverbundenheit lebendig zu halten. Für uns ist jeder Teil unseres Bezirks ein Kiez. Das kann auch der Schlosspark, das Havelufer oder das Olympiastadion sein, aber in den meisten Fällen ist es ein Stadtviertel, in dem es viel zu entdecken gibt.

Den jeweiligen Treffpunkt und die Route legen wir von Mal zu Mal fest. Manchmal setzen wir inhaltliche Schwerpunkte, etwa wenn wir im Monat März zum Weltfrauentag an bedeutende Charlottenburg-Wilmersdorfer Frauen erinnern oder im Monat November an die Geschichte der Juden, deren Anteil an der Bevölkerung in Charlottenburg und Wilmersdorf von allen Berliner Bezirken am höchsten war. Im Mai 2005 stand der 60. Jahrestag des Kriegsendes im Mittelpunkt. Aber auch ohne aktuellen Anlass finden wir auf Schritt und Tritt genügend Themen, die uns interessieren und staunen lassen über den geschichtlichen Reichtum, der bei uns zu entdekken ist. In dem Bezirk mit der westlichen City Berlins treffen Lokalgeschichte, Kulturgeschichte und überregionale politische Geschichte überall aufeinander. Die Mischung ist wohl unübertrefflich.

Seit Jahren werde ich von unseren Teilnehmerinnen und Teilnehmern gefragt, wann es endlich ein Buch geben wird zu unseren Kiezspaziergängen. Die Veröffentlichung der Manuskripte auf unserer Website im Internet ist zwar für viele eine große Hilfe, wenn sie etwa mit Schulklassen oder mit ihren Gästen eigene Spaziergänge zusammenstellen wollen. Aber die meisten wollen ein Buch, um nachlesen zu können, was sie gesehen und gehört haben, oder um es in die Tasche zu stecken und sich selbst damit auf den Weg zu machen. Jetzt endlich ist es da – pünktlich zum Jubiläum »300 Jahre Charlottenburg« und deshalb natürlich mit einem Charlottenburger Schwerpunkt – was vielen Wilmersdorfern nicht sehr gefallen wird. Wie zu erwarten war, passt in ein Buch nur ein kleiner Teil der bisherigen Spaziergänge. Deshalb hoffe ich, dass bald der nächste Band folgt - dann mit mehr Beispielen aus Wilmersdorf.

Ich danke dem text.verlag sehr für die Beharrlichkeit, mit der dieser erste Band der Reihe »Kiezspaziergänge« schließlich möglich gemacht und wunderschön gestaltet wurde. Ich wünsche dem Buch viel Erfolg bei den Leserinnen und Lesern – mindestens so viel wie bei unseren Spaziergängerinnen und Spaziergängern – und ich bin bereits gespannt auf den nächsten Band.

Ihre
Monika Thiemen

Bezirksbürgermeisterin
von Charlottenburg-Wilmersdorf

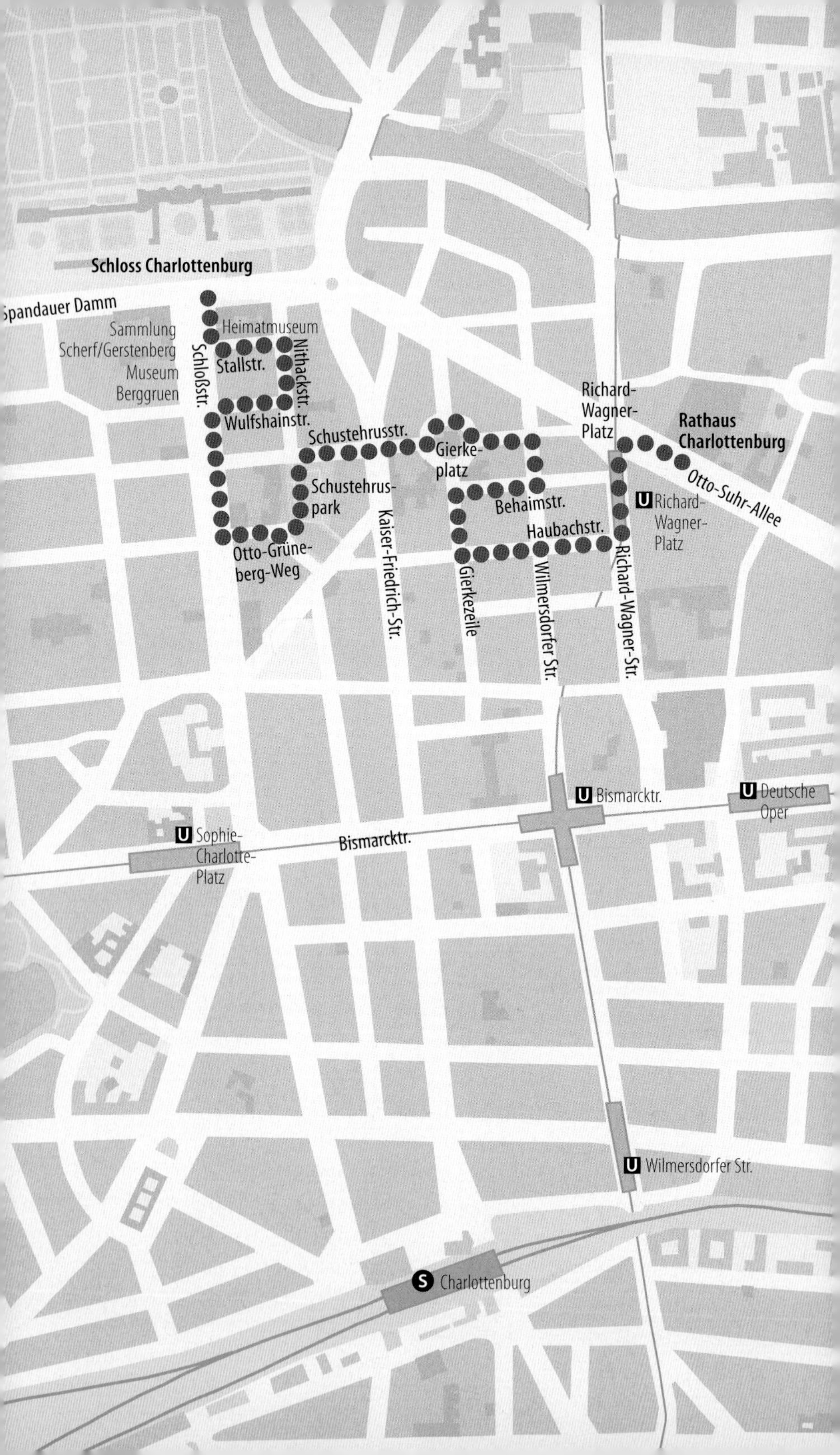

Schloss Charlottenburg
Spandauer Damm
Sammlung Scherf/Gerstenberg
Museum Berggruen
Heimatmuseum
Schloßstr.
Stallstr.
Nithackstr.
Wulfshainstr.
Schustehrusstr.
Schustehrus-park
Otto-Grüne-berg-Weg
Kaiser-Friedrich-Str.
Gierke-platz
Gierkezeile
Behaimstr.
Haubachstr.
Wilmersdorfer Str.
Richard-Wagner-Platz
Richard-Wagner-Str.
Rathaus Charlottenburg
Otto-Suhr-Allee
U Richard-Wagner-Platz
U Bismarcktr.
U Deutsche Oper
U Sophie-Charlotte-Platz
Bismarcktr.
U Wilmersdorfer Str.
S Charlottenburg

Kiezspaziergang
auf dem Altstadtpfad
vom Rathaus Charlottenburg zum
Schloss Charlottenburg

Unser Kiezspaziergang verläuft in Richtung Schloss, aber natürlich nicht auf direktem Weg, sondern durch die Charlottenburger Altstadt. In gewisser Weise bewegen wir uns dabei historisch rückwärts, denn das Rathaus Charlottenburg stand am Ende der städtischen Entwicklung: Als es 1905 eingeweiht wurde, war Charlottenburg längst eine Großstadt geworden. Das sieht man dem mächtigen Gebäude auch an. Allerdings gab es die Großstadt Charlottenburg nach dem Rathausbau nur noch 15 Jahre. 1920 wurde sie als Bezirk Charlottenburg in Groß-Berlin eingemeindet.

Das Schloss Charlottenburg markiert den Beginn der städtischen Entwicklung. Als 1705 nach dem frühen Tod der Königin Sophie Charlotte das Schloss nach ihr benannt wurde verfügte König Friedrich I, dass die kleine Ansiedlung von wenigen Häusern südlich vom Schloss an der heutigen Schloßstraße Stadtrechte erhalten bleiben sollte. Wir bewegen uns also historisch gesehen vom Jahr 1905 zurück in das Jahr 1705.

Hier wird eine Anmerkung zu dem Dorf Lietzow notwendig. Das Dorf Lietzow ist viel älter als Charlottenburg und wurde im Jahr 1720 in die damals noch sehr junge kleine Stadt Charlottenburg eingemeindet. Direkt hinter dem Rathaus verläuft heute die Straße Alt-Lietzow mit der evangelischen Kirche Alt-Lietzow auf dem Platz Alt-Lietzow. Dort befand sich einmal der Dorfanger der Dorfes Lietzow. Es wurde im

Jahr 1239 erstmals erwähnt. Heute erinnern nur noch die Namen an das Dorf. Die alte Dorfkirche gibt es längst nicht mehr.

Gründung und Entwicklung der Stadt Charlottenburg.

Die »Altstadt Charlottenburg« wurde 1983 zum geschützten Baubereich erklärt und nach dieser Wiederentdeckung auch für die interessierten Bürgerinnen und Bürger erschlossen und erläutert. Dafür wurde 1987, zur 750-Jahr-Feier Berlins vom damaligen Charlottenburger Stadtplanungsamt der ***Altstadtpfad*** *entwickelt.* ***An 16 Stationen wird auf großen Informationstafeln über historisch markante Gebäude, Straßen und Plätze informiert.*** *Der Grundriss der barocken Stadtanlage ist noch vollständig erhalten, und in diesem Gebiet sind auf engstem Raum Häuser aller Bauepochen der 300jährigen Geschichte Charlottenburgs zu finden.*

Start: **Otto-Suhr-Allee**

Zu dem rechtwinkligen Stadtgrundriss gehört die heutige Otto-Suhr-Allee nicht. Sie verläuft diagonal am Rande entlang. In Nord-Süd-Richtung wird er von Richard-Wagner-Straße und Schloßstraße begrenzt, in Ost-West-Richtung von Spandauer Damm und Zillestraße.

Die Otto-Suhr-Allee wurde am 3. September 1957 nach dem dritten Regierenden Bürgermeister von Berlin benannt, kurz nachdem er am 30.8.1957 gestorben war. Davor hieß die Straße »Berliner Straße«, denn sie führte von Charlottenburg nach Berlin, und sie war Teil des königlichen und kaiserlichen Weges vom Berliner Schloss zum Schloss Charlottenburg. Allerdings soll Kaiser Wilhelm II sich geweigert haben, diesen Weg zu benutzen, seit das Rathaus Charlottenburg gebaut worden war, weil die bürgerlichen Bauherren sich erdreistet hatten, einen 88 m hohen, weithin sichtbaren Turm zu bauen, der höher war als das benachbarte Schloss Charlottenburg.

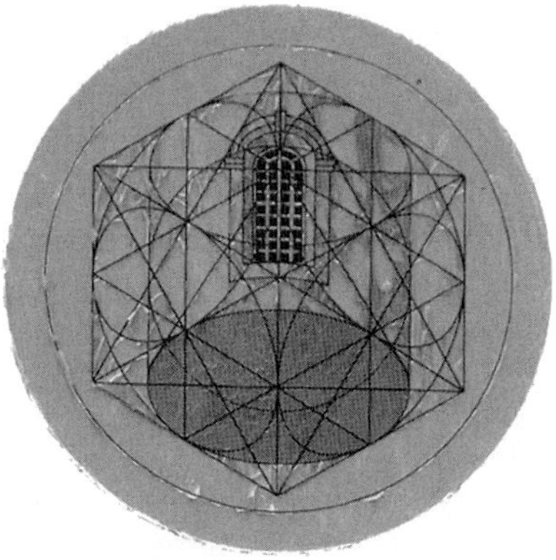

Wir befinden uns nun an der ersten Station des Altstadtpfades, vor dem Rathaus Charlottenburg. Links neben dem Haupteingang befindet sich die erste Informationstafel. Symbol und Blickfang auf der Tafel ist eine in einen Kreis eingeschlossene Zeichnung mit geometrischen Elementen rund um die symbolische Darstellung des Charlottenburger Schloßturmes mit einem Fenster. Die Zeichnung lehrt uns: Architektur ist Form und Formensprache. Ihre Grundelemente sind Kegel, Kugel und Zylinder.
Alle Tafeln stammen aus dem Jahr 1987, und sind hin und wieder zu ergänzen, aber die historischen Fakten haben sich natürlich nicht geändert. Leider fehlen zwei Tafeln, die fünfte und die neunte, doch dazu später die fehlenden Erläuterungen.

Tafel 1 **Rathaus Charlottenburg**

... Charlottenburg war bis 1920 eine selbständige, selbstbewußte und zeitweise die reichste Stadt Preußens. Das Rathaus mit seinem 88 m hohen Turm war das Wahrzeichen des politischen Zentrums. Das von den Architekten Reinhardt & Süßenguth geplante monumentale Verwaltungsgebäude wurde nach 6-jähriger Bauzeit 1905 zur 200-Jahr-Feier Charlottenburgs eingeweiht. Es dokumentiert

teilweise Jugendstildekor, Insbesondere durch den figürlichen, ornamentalen und bildnerischen Schmuck im Portalbereich und seinen reichhaltigen Innendekorationen.
Der Erweiterungsbau zur Rechten von 1914, von Stadtbaurat Seeling geplant, belegt mit seiner bereits strengen gegliederten Fassade erste Anklänge an die beginnende Moderne.
Von dem im 2. Weltkrieg stark beschädigten denkmalgeschützten Rathaus wurden 1945–1952 die Fassade, der Turm und große Teile der Innenausstattungen in alter Form wieder aufgebaut ...

Von der Tafel aus nach links fällt der Blick auf die Kuppel des Schlosses Charlottenburg, der ehemals höfischen Residenz. Im Vordergrund liegt der Richard-Wagner-Platz, einer der kommunalen Mittelpunkte der Bürgerstadt und die nächste Etappe unseres Rundganges.
In dem Erweiterungsbau rechts neben dem Rathaus war ursprünglich die Sparkassenhalle untergebracht, heute befindet sich hier die Heinrich-Schulz-Bibliothek. 1988 wurde das Dach neu gedeckt, übrigens stilwidrig mit holländischer Pfanne an Stelle von Biberschwanz. Ein Besuch des Rathauses lohnt sich übrigens auch dann, wenn man keine Behördenangelegenheiten zu erledigen hat. Die Innenarchitektur ist durchaus sehenswert. In der zweiten Etage befinden sich eine Gedächtnishalle für die Gefallenen der Weltkriege und die Opfer der nationalsozialistischen Gewaltherrschaft sowie eine Fotogalerie von Widerstandeskämpfern und Opfern der NS-Herrschaft. Von Zeit zu Zeit werden in den Vorräumen interessante Ausstellungen gezeigt, und in vielen Schaukästen finden sich zahlreiche Informationen. Im Bürgeramt gibt es darüber hinaus Informationsbroschüren zu allen öffentlichen Angeboten. Mit zum Bürgeramt gehören die frühere Meldestelle und die Lohnsteuerkartenstelle. Der Turm des Rathauses kann aus Sicherheitsgründen leider nicht betreten werden. Der Blick von oben auf Charlottenburg ist allerdings fantastisch.

Seit der Bezirksfusion ist das Rathaus der Sitz der Bezirksbürgermeisterin – das Amtszimmer befindet sich direkt über dem Eingang im 2. Stock – und der Abteilungen Bürgerdienste, Wohnen und Personal; Finanzen, Bildung und Kultur; Wirtschaft, Liegenschaften, Organisation und Bibliotheken; Soziales, Gesundheit, Umwelt und Verkehr. Sitz der Bezirksverordnetenversammlung und der anderen beiden Abteilungen, Jugend und Bauwesen ist hingegen das Rathaus Wilmersdorf am Fehrbelliner Platz.

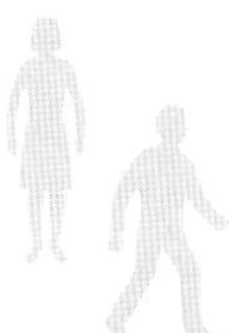

Wir überqueren jetzt diagonal die große Kreuzung begeben uns zur zweiten Station des Altstadtpfades auf dem Richard-Wagner-Platz.

Richard-Wagner-Platz

Die Straße und der Platz wurden 1934 nach Richard Wagner benannt. Zuvor hieß der Platz Wilhelmplatz und die Straße Spreestraße.

Tafel 2 **Richard-Wagner-Platz**

König Friedrich I und Baumeister Eosander entwarfen 1705 die »Residenzstadt« Charlottenburg. Sie repräsentiert mit den Sichtachsen auf das zentrale Schloß die Machtstellung des Königs im Staat. Von der Schloßstraße, der senkrechten Sichtachse aus, wurde der barocke Stadtgrundriß mit dem rechtwinkligen Straßenraster

angelegt. Der alte Marktplatz, heute Richard-Wagner-Platz, und der Kirchplatz, heute Gierkeplatz mit der Luisenkirche, waren die gesellschaftlichen Mittelpunkte der bürgerlichen Stadt.
Bis weit ins 19. Jahrhundert hinein war ein Nebeneinander von höfisch-städtischem und dörflichem Leben in der Altstadt anzutreffen. Die »Industrielle Revolution« mit ihrer Bevölkerungsexplosion, der Ausdehnung Berlins und Hobrechts Bebauungsplan für die Umgebung Berlins von 1862 bildeten auch in Charlottenburg die Grundlage für den Bauboom und die Bodenspekulation der Gründerjahre. Neben den Bürgerhäusern entstanden von 1860 bis 1880 3- bis 4geschossige, ab 1880 auch 5geschossige Mietskasernen mit Seitenflügel und Hinterhaus.

1

Zur Erhaltung des barocken Stadtgrundrisses und der 280jährigen baulichen Entwicklung wurde die Altstadt 1983 geschützter Baubereich. Das gelbe Eckhaus Nr. 5 (1) von 1908 mit seiner betonten Eck- und Turmgestaltung markiert den Zugang zur Altstadt über die Schustehrusstraße. Seit dem Bau des Hauses Richard-Wagner-Straße 57 von 1899 existiert dort die typische Altberliner Eckkneipe.

In dem blauen Neubau am Platz war das Projekt »Arbeit sofort« untergebracht, ein gemeinsames Projekt des Bezirksamtes Charlottenburg-Wilmersdorf mit dem Arbeitsamt zur Vermittlung von Arbeit an jugendliche Sozialhilfeempfänger. Die 100 Plätze waren ständig belegt. Ziel war die langfristige Integration der Jugendlichen in den ersten Arbeitsmarkt, lange vor den Arbeits- und Sozialreformen der Agenda 2010.

Wir gehen nun weiter in die Richard-Wagner-Straße hinein bis zur dritten Station des Altstadtpfades.

2

3

Die Altstadt Charlottenburg ist seit 1984 ein Förderungsschwerpunkt für Stadterneuerungsmaßnahmen. Das ortstypische Stadtbild mit seinen Häusern und Höfen, Straßen und Plätzen wird in kleinen Schritten instandgesetzt, modernisiert und restauriert. Erste Ergebnisse sind bereits erkennbar. Der Erhalt der Geschäfte und Betriebe ist Voraussetzung zur eigenständigen Versorgung des Gebietes.
Die drastische Bevölkerungszunahme in Berlin und in der Stadt Charlottenburg von 1880 bis 1920 ist auch an der Richard-Wagner-Straße (früher Breite Spreestraße) nachvollziehbar. 1geschossige Häuser wichen den heutigen 3- bis 5geschossigen Gebäuden ...

1880 entstand das Haus **Richard-Wagner-Straße 45** ② mit der historisierenden Fassade, den gesprengten Fenstergiebeln im 1. Stock und dem ausgebauten Mansarddach. Das Haus **Richard-Wagner-Straße 47** ③ wurde 1881 mit aufwändigen Dekorationen des Spätklassizismus erbaut. Im Anklang an die beginnende Moderne mit der strengen Fenstergliederung, den Erkern und Balkonen wurde 1911 das Gebäude **Richard-Wagner-Straße 49** ④ errichtet. Das **Haus Nr. 51** ⑤ entstand 1911 mit einer unsymmetrischen plastischen Gliederung, betonter Eckgestaltung und Verzicht auf Dekorationen. Hier bildet sich bereits die beginnende Moderne heraus.
Alle Gebäude wurden 1984–1986 restauriert, instandgesetzt und modernisiert.

Nun biegen wir in die Haubachstraße ein und erreichen dort vor dem Haus Nr. 8 die vierte Informationstafel des Altstadtpfades.

Haubachstraße

1947 benannt nach dem Reichsbannerführer und Widerstandskämpfer Theodor Haubach. Er organisierte nach 1933 illegal Gruppen des Reichsbanners Schwarz-Rot-Gold, wurde mehrfach in Konzentrationslagern inhaftiert, war als Informationsminister nach dem Attentat auf Hitler vorgesehen. Nach dem gescheiterten Attentat wurde er verhaftet und im Januar 1945 in Plötzensee hingerichtet.
Die Straße hieß bis 1937 Grünstraße und von 1937 bis 1947 Kauffmannstraße.

Tafel 4 **Haubachstraße 8** ①

Das eingeschossige Bürgerhaus entspricht in seiner Anlage dem barocken fünfachsigen* Modellhaus Eosanders von 1705 für die neugegründete Stadt-Charlottenburg. Es verdeutlicht den Haustyp, der sich bis Mitte des 19. Jahrhunderts behaupten konnte. Von diesem Haustyp sind lediglich noch 3 Gebäude in der Altstadt erhalten.
Der ehemalige Hausgarten im Hof wurde zwischen 1855 und 1906 allmählich mit Wirtschafts-, Wohn- und Gewerbebauten überbaut. So wurde 1855 ein Schweinestall und 1868 eine Klempnerwerkstatt erbaut. An deren Stelle folgte 1871 ein Seitenflügel zum Wohnen und ein neues Stallgebäude. 1889 wurde eine Stube im Vorderhaus zum Laden umgebaut. Der restliche Garten wurde 1905/06 mit einem 4geschossigen Werkstattgebäude überbaut …

* »fünfachsig« – symmetrischer Aufbau mit der Tür als Mittellinie und an jeder Seite zwei Fenster = 5 Achsen.

1

2

3

Dies verdeutlicht die typische Entwicklung der Nutzungen der Grundstücke in der Altstadt vor der Jahrhundertwende. Das Haus und seine Nebengebäude stehen inzwischen unter Denkmalschutz. Außerdem wurden in der **Haubachstraße** folgende Häuser unter Denkmalschutz gestellt: **Nr. 4** 2, 1888–89 von Gustav Weyhe, **Nr. 6** 3 1873–74 von Hamann und Bauer, **Nr. 9** 4 1867–68 von Heydrich, **Nr. 16** 5 1883–84 von Robert Schneckenburg und **Nr. 17/19** 6 1883–84 von Wilhelm Schöltz.

Wilmersdorfer Straße

Schon 1794 ist der Name »Wilmerdorfer Weg« nachgewiesen, seit 1824 »Wilmersdorfer Straße«, benannt nach der Richtung: Die Straße führt von Charlottenburg nach Wilmersdorf. Über diesen Weg ging schon im Mittelalter der Wilmerdorfer Pfarrer, der bis 1708 die Pfarrei Lietzow mitbetreuen musste. Das Dörfchen Lietzow befand sich, wie bereits erwähnt, dort wo noch heute hinter dem Rathaus Charlottenburg die Straße Alt-Lietzow daran erinnert. Lietzow wurde 1720 in die Stadt Charlottenburg eingemeindet.

Die Wilmersdorfer Straße hat drei sehr unterschiedliche Abschnitte: Südlich zwischen Kurfürstendamm und Krumme Straße ein Teil der Kudamm-City, dann in der Mitte bis zur Schillerstraße die Einkaufs-Fußgängerzone mit Kaufhäusern Läden, und hier im nördlichen Bereich bis zur Otto-Suhr-Allee eine Einkaufsstraße im Kiez mit vielen traditionellen Geschäften. Das bekannteste ist wohl Rogacki zwischen Bismarckstraße und Zillestraße.

4

5

6

Die Kreuzung Wilmersdorfer Straße und Haubachstraße ist wohl eine der stadthistorisch interessantesten Straßenkreuzungen in Berlin überhaupt. Diese Ecke ist ein erstaunliches Zeugnis der Entwicklungsgeschichte der Altstadt Charlottenburg. Hier sind Gebäude aus den verschiedensten bauhistorischen Epochen auf engstem Raum versammelt. In den vier Eckhäusern spiegeln sich die unterschiedlichen Bauformen wider, und es ist als außerordentlicher Glücksfall zu bezeichnen, dass die Gebäude im Rahmen der Erneuerung in oft mühevoller Kleinarbeit wiederhergestellt werden konnten.

Das älteste Gebäude ist das einstöckige Eckhaus **Haubachstraße 13** ② / **Wilmersdorfer Straße 18** ①. Es ist vor 1823 zu datieren und entspricht der ursprünglichen Bebauung um 1705. Es ist damit unser zweites Beispiel für die frühen, eingeschossigen Ackerbürgerhäuser. Bedingt durch die gewerbliche Nutzung gab es diverse Ladenumbauten und

Fassadeneingriffe. Das Haus ist in Privatbesitz und wird leider derzeit nicht genutzt.
Direkt im Anschluss befinden sich nach beiden Seiten zweistöckige Häuser aus der Zeit unmittelbar vor dem Bauboom um 1890, in dem die fünfstöckigen Mietskasernen entstanden. Die **Wilmersdorfer Straße 18** wurde 1865, die **Haubachstraße 15** 3 1880 erbaut. Bei diesen zweigeschossigen Putzbauten mit Dachgeschoss ist der Fassadenstuck fast vollständig erhalten geblieben und im Rahmen der Erneuerung restauriert worden.
Das Gebäude an der gegenüberliegenden **Ecke Haubachstraße 14** 4 **/ Wilmersdorfer Straße 17** datiert in seiner ersten Fassung um etwa 1730. Der ursprüngliche Bau war ein traditionelles Ackerbürgerhaus. 1880 wurde es aufgestockt und ist 1988 detailgetreu in dieser Fassung rekonstruiert worden.
Als Vertreter der Endphasen der baulichen Entwicklung sind die beiden anderen Gebäude **Wilmersdorfer Straße 156** 5 **Ecke Haubachstraße 11** 6 von 1877 sowie **Wilmersdorfer Straße 157** 7 **Ecke Haubachstraße 12** 8 von 1902 zu sehen. Das erste von 1877 ist ein viergeschossiger Putzbau. Er gehört zur sogenannten »Vorgründerphase« mit ihrem ersten, intensiven Bebauungsschub. Die ursprüngliche Stuckgestaltung der Fassade war hier nur noch an der Seite zur Haubachstraße erhalten, während die Fassade an der Wilmersdorfer Straße abgeschlagen und mit Kratzputz versehen worden war. 1985 konnte schließlich die gesamte Fassade renoviert und der Bereich an der Wilmersdorfer Straße inklusive des Eckrisalits wieder aufgestuckt werden.

Das Gebäude **Wilmersdorfer Straße 157 Ecke Haubachstraße 12**, ist ein fünfgeschossiges Eckhaus. Es zeigt den historischen Endpunkt der bautypologischen Entwicklung. Seine reiche plastische wie ornamentale Gestaltung durch Erker und Jugendstilelemente konnte ebenfalls 1985 wiederhergestellt werden. Im Zuge der Erneuerung wurde hier das Dachgeschoss zu Wohnzwecken ausgebaut.
Das Bemühen, zu einer möglichst umfassenden Wiederherstellung des historischen Zustandes zu gelangen, blieb aber nicht nur auf die Fassaden beschränkt. Auch Treppenhäuser und Innenhöfe wurden rekonstruiert.

Wir gehen nun weiter, einige wenige Schritte in die Haubachstraße hinein zur Tafel Nr. 6

Tafel 6 **Haubachstraße**

An der Gebäudehöhe dieser Häuserzeile, früher Grünstraße, ist der zeitliche Ablauf der wirtschaftlichen und baulichen Nutzung der Grundstücke mit Miethäusem von 1880–1900 gut zu erkennen ...

Das 1geschossige Bürgerhaus (Modellhaus Eosander) von vor 1800 steht an der Ecke Wilmersdorfer Straße. Das 2geschossige Baudenkmal **Haubachstraße 15** ❶ wurde ca. 1880 mit aufwendiger Verdachung und Brüstungselementen im Spätklassizismusstil für 7 Wohnungen errichtet. Hinter einer Wohnungstür lagen an einem langen Flur 2 Wohnungen.
Die Häuser **Haubachstraße 17** ❷ und **19** ❸ von 1883 und 1888 verwenden in ihren historisierenden Fassaden Stilele-

mente der Renaissance (hoher Sockel, zusammengefaßte Geschosse). In jedem Haus sind 8 Wohnungen, 2 je Etage. Auffällig schmal ist das nur 4achsige Gebäude **Haubachstraße 21** (4) von 1897 mit 5 Wohnungen, 1 je Etage, und der historisierenden Fassade. Auch das Haus **Haubachstraße 23** (5) von 1900 weist mit 14 Wohnungen, davon 3 je Etage und zusätzlich 2 Ladenwohnungen eine historisierende Fassade auf. Es dokumentiert am deutlichsten den Mietshaustyp der Gebäude.

*Wir biegen nun rechts ab
in die Gierkezeile und den Gierkeplatz.*

Gierkezeile

Wie der Gierkeplatz wurde auch die Gierkezeile 1950 benannt nach Anna von Gierke (1874–1943). Sie war die Tochter des Juristen Otto von Gierke. Sie wurde von den Nationalsozialisten als »Halbjüdin« definiert, hatte als Leiterin eines Jugendheimes enge Kontakte zur Bekennenden Kirche. Bei einem Verhör durch die Gestapo im November 1942 musste sie sich verpflichten, keine literarischen Abende mehr durchzuführen.
Die Straße hieß bis 1824 »Brettergasse«, danach bis 1950 »Kirchstraße«.

Tafel 7 **Gierkezeile**

Die Gierkezeile (früher Kirchstraße) führt auf den Gierkeplatz (früher Kirchplatz) und die Luisenkirche zu. Die Häuser Gierkezeile 32–36 geben einen Einblick in die wirtschaftliche und bauliche Entwicklung der Altstadt von 1880–1900 …

Das Mietwohnhaus **Gierkeziele 32** ① von 1885 mit historisierender Fassade und dem Giebelfries im 2. Obergeschoß wurde nach dem Abbruch eines alten Bürgerhauses errichtet. Seitenflügel und Quergebäude stammen von 1860–70. 1913 wurde im Seitenflügel ein Pferdestall, eine Waschküche und eine Kleinwäscherei eingerichtet.

Auch auf dem Grundstück **Gierkezeile Nr. 34** ② stand vormals ein 1geschossiges Bürgerhaus. Das Miethaus wurde 1884 im spätklassizistischen Stil erstellt. Später folgte im Hof ein Stallgebäude für ein Fuhrunternehmen. 1899 wurde für wenige Jahre eine Selterwasserfabrik in einem Teil dieses Stalles und in einem Neubau eingerichtet. 1904 entstand dort ein Hinterhaus. Ein neuer Stall und eine Remise wurden an das hinterste Grundstücksende verlegt.

Das Miethaus **Gierkezeile 36** ③ wurde 1899 mit Seitenflügel und Hinterhaus mit einer aufwendig dekorierten, historischen Fassade erbaut.

Die Gebäude **Gierkezeile 32** ① und **34** ② wurden 1986/87 instandgesetzt, modernisiert und restauriert.

Das Haus Gierkezeile 39 ist das erste Schulhaus Charlottenburgs. Erstmalig in Charlottenburg, aber nur kurzfristig, wurden reformierte und lutherische Kinder in einer Klasse unterrichtet. Bereits Eosander hatte 1705 in seinem Plan am Kirchplatz eine Schule vorgesehen. Aus Geldmangel wurde das ursprünglich 4achsige Gebäude im Zopfstil (deutsche Kunstepoche von 1760–80) erst 1786 von »Oberbaurat und Professor Schulze« erbaut.
Das heutige Erscheinungsbild des Baudenkmals entspricht dem Zustand von 1798. Es wurde nach den Kriegszerstörungen durch das Denkmalamt 1957–59 wiederhergestellt. Der rosa Farbton knüpft an seine Entstehungszeit an. Heute beherbergt das Schulhaus die Landesstelle für Suchtgefahren e.V. Dieses Haus gehört der Senatsverwaltung für Bildung, Jugend und Sport …

Der Altstadtpfad verläuft nun weiter über die Behaimstraße nach links in die Wilmersdorfer Straße zur Schustehrusstraße 13.

Behaimstraße

Benannt 1950 nach dem Nautiker und Geograph Martin Behaim (1459–1507). Die Straße hieß vorher Schulstraße.

Schustehrusstraße

Benannt 1950 nach dem dem ersten Oberbürgermeister Charlottenburgs, Kurt Schustehrus. Er wurde 1856 in Ostpreußen geboren. 1899 trat er sein Amt als Erster Bürgermeister in Charlot-

tenburg an, 1900 wurde ihm der Titel Oberbürgermeister verliehen, den er bis zum seinem Tod 1913 behielt.
Die Straße hieß bis 1824 »Deichstraße«, danach bis 1950 »Scharrenstraße«.

Die Tafel 9 **Schustehrusstraße** fehlt

Schustehrusstraße Nr. 13

Dies ist das älteste erhaltene, bzw. rekonstruierte Wohnhaus Charlottenburgs. Friedrich I, der Stadtgründer Charlottenburgs, ließ von seinem Hofarchitekten Eosander von Göthe das Straßennetz anlegen, die Grundstücke parzellieren und ein Musterhaus entwerfen. Jeder Bauwillige musste nach diesem vorgegebenen Musterentwurf sein Haus errichten,

denn die entstehende Stadt sollte ein regelmäßiges Erscheinungsbild erhalten. Heute existieren nur noch zwei Beispiele dieser Musterhäuser. Wir haben vorhin in der Haubachstraße 8 eines davon gesehen. Allerdings wurde es einige Jahre später gebaut als dieses. Hier nun also das älteste Bürgerhaus Charlottenburgs. **Es wurde 1712 von Gottfried Berger gebaut**, einem Goldschmied und Gelbknopfgießer, der als Handwerker beim Schlossbau beschäftigt war und sich zunächst beim Kammertürken Aly in der Schloßstraße 3 eingemietet hatte. Weil die Entwicklung der neu gegründeten Stadt Charlottenburg nur sehr langsam voran ging, erließ der König 1711 eine Verordnung, nach der Handwerker, die durch Aufträge des Hofes profitierten, aber nur zur Miete wohnten, eine »Bürgerstelle« annehmen und bebauen sollten.

Dies tat also Gottfried Berger im Jahr 1712 in der damaligen Scharrenstraße Nr. 13. Er baute ein fünfachsiges, eingeschossiges Gebäude mit einem Giebel über dem Mitteleingang und einer reinen Fachwerkkonstruktion mit Lehmwickelstaakung in den Gefachen und zwischen den Deckenbalken. Die Räume links sind flach unterkellert, mit einer Kopfhöhe von nur 1,50 m.

In der Regel besaßen die Häuser einen symmetrischen Grundriss. Das Berger'sche Haus hatte aber wohl von An-

fang an hofseitig links einen Werkstatt-Seitenflügel, der ebenfalls aus Fachwerk ausgeführt worden war.

Betrat man das Wohnhaus von der Straße, so gelangte man in einen breiten, durchgehenden Flur. Im hinteren Bereich führte eine Treppe ins Dachgeschoss. Unter der Treppe hindurch gelangte man über eine zweiflügelige Tür in den Hof. Rechts betrat man die Küche, die in kräftigem rot gestrichen war. Dahinter eine gleich große Kammer war in hellem okker gehalten.

Gottfried Berger hat, wenn überhaupt, hier in der Scharrenstraße nur wenige Jahre gelebt. Er erwarb bereits 1715 von seinem Freund Aly dessen Haus in der Schloßstraße Nr. 3, in dem er vorher Mieter war. In jenem viel geräumigeren und stattlicheren Haus wohnte er und vermietete sein neu erbautes Haus zunächst, bevor er es **1721 an den Bierbrauer Georg Vincke verkauft**. Dieser hat wohl die Fachwerkräume verputzt und das Haus um eine Fachwerkachse erweitert. Nach dessen Tod wurde es **1747** an den Lichtzieher Johann Christian Rese weiter verkauft.

1797 erwarb der Hauptmann Ludwig Christian von der Lage das Haus und baute es um, denn die Fachwerkschwellen aus Kiefernholz waren nicht mehr in Ordnung, das Haus war straßenseitig um etwa 10 cm abgesackt. Deshalb ließ der neue Besitzer die Fachwerkfassade abbrechen und durch eine neue, gemauerte Fassade ersetzen. Sie wurde 60 cm höher als die ursprüngliche und um die Tordurchfahrt erweitert, die überdacht wurde. Der alte Seitenflügel wurde abgerissen und durch einen neuen mit größeren und vor allem höheren Räumen ersetzt. Der große Gesellschaftsraum dessen Wände mit Architekturmalereien versehen wurden, reicht bis zur Hälfte ins Vorderhaus hinein. Er ist ein frühes Beispiel dafür, was später als sogenanntes Berliner Zimmer in die Baugeschichte eingegangen ist. Auch die Treppe im Flur wurde entfernt und stattdessen eine Treppe auf der Hofseite errichtet.

1816 wurde der Tischlermeister Carl Friedrich Wilhelm Zeitler Besitzer des Hauses. In dem Querstallgebäude mit Pferdestall und Remise auf dem rückwärtigen Grundstück richtete er seine Werkstatt ein.

Im Juli 1825 beschwerte sich die Nachbarin zur rechten, Witwe Kühne, in einem Brief an die Polizei: »*Da dem Herrn Tischler Meister Zeitler seine Appartements Grube dicht an meine Grenze stößt, wo ich einen Stall zu stehen habe, der dadurch sehr leidet, indem ich fortwährend Wasser darin bekomme und so auch in meinem Garten, wo sogar eine Pfütze schon seit mehreren Jahren befindlich ist, und mir das, was ich auf der dortigen Stelle anpflanze jährlich ruiniert wird, so bitte ich ein hochwohlgeborenes Polizei Directorium um baldigen Beistand, indem ab jetzt von Tag zu Tag ärger wird.«* Mehr als zwei Jahre lang passierte nichts, der Stall war inzwischen verfault, aber die Behörde reagierte erst, als Zeitler den Unrat, den seine Senkgrube nicht mehr fasste, auf die Straße kippte. Nachdem empfindliche Strafen verhängt worden waren, musste die Grube geräumt werden, wie es abschließend hieß.

Auch die nächsten Besitzer nahmen Umbauten vor. **1863 eröffnete die Witwe des Charlottenburger Zimmermeisters Schönfelder in der Wohnung ein Putzwarengeschäft** und ließ dafür ein Fenster zur Ladentür und eines zum Schaufenster umbauen.

Der Tanzlehrer Ernst Eckmann vergrößerte **1875** einige Räume durch die Herausnahme von Trennwänden und baute schließlich ein großes Tanzsaalgebäude für 500 Personen auf dem rückwärtigen Gelände. **Erst 1890 erfolgte der Anschluss an die Kanalisation. 1943 wurde der Tanzsaal durch Kriegseinwirkung zerstört** und dadurch der Stand der Bebauung wieder annähernd auf den Stand von 1800 reduziert. **1982 wurden das Vorderhaus und der linke Seitenflügel wegen akuter Einsturzgefahr gesperrt.** Das Haus war durch den zunehmenden Autoverkehr baufällig geworden. Das in seiner Grundsubstanz aus dem 18. Jahrhundert nach wie vor erhaltene Haus wäre **am 24. Dezember 1983 beinahe einem Abrissversuch zum Opfer gefallen**. Nach dem illegalen Teilabriss aber wurde es mit alten Baumaterialien und in alter Handwerkstechnik rekonstruiert. Die Denkmalpflege sah hier die einmalige Möglichkeit, ein Haus zu retten, das uns bürgerliches Bauen einer Zeit demonstriert, aus der wir ansonsten in Berlin nur die erhaltenen Prachtbauten kennen.

Nach einem Brand im Jahr 2002 musste es vorübergehend geschlossen werden. Seit Januar 2004 befindet sich in dem Haus das Keramik-Museum Berlin. Die Sammlung umfasst Gefäße, Plastiken, Bau- und Ofenkeramik seit Mitte des 19. Jahrhunderts.

Wir gehen jetzt weiter zum Gierkeplatz, und gelangen zur Luisenkirche.

Tafel 10 Luisenkirche

»Neue Kirche auf'm Berg« nannte Eosander in seinem Plan von 1705 den Standort der Kirche auf dem früheren Kirchplatz, heute Gierkeplatz. Friedrich I. hatte sie als gemeinsame Kirche für die Reformierten und Lutheraner bestimmt.

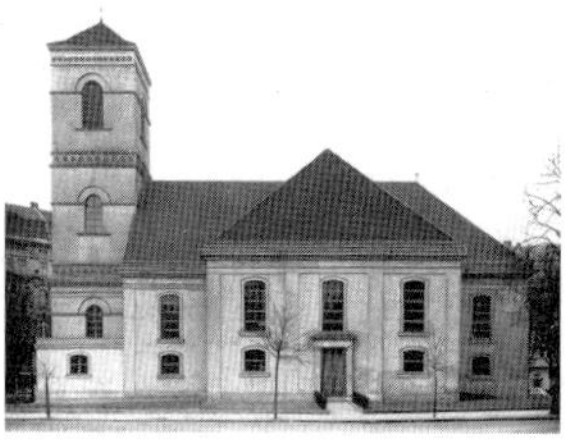

Die barocke »Parochial-Kirche« mit ihrem Kreuzförmigen Grundriß wurde nach den Plänen von Baumeister Gerlach unter der Leitung von Baumeister Böhme 1712–18 erbaut. 1826 baute der Architekt Schinkel im Biedermeierstil den quadratischen, dreigeschossigen, mit breit verzierten Gurtgesimsen voneinander abgesetzten Turm an. Nach dem Umbau erhielt die Kirche den Namen der verstorbenen Königin Luise.

Die Kirche erlitt 1943 schwerste Kriegsschäden. Von 1950–53 wurde das historische Erscheinungsbild des Baudenkmals von der Kirchengemeinde in Zusammenarbeit mit dem Denkmalamt nach den Plänen von Gerlach restauriert. Die Fassadeninstandsetzung von 1976/77 knüpft an die üblichen warmgelben Farbtöne der barocken Erbauungszeit an. In Anlehnung an den ursprünglichen Zustand wurde der Innenraum 1986/87 wieder hergestellt …

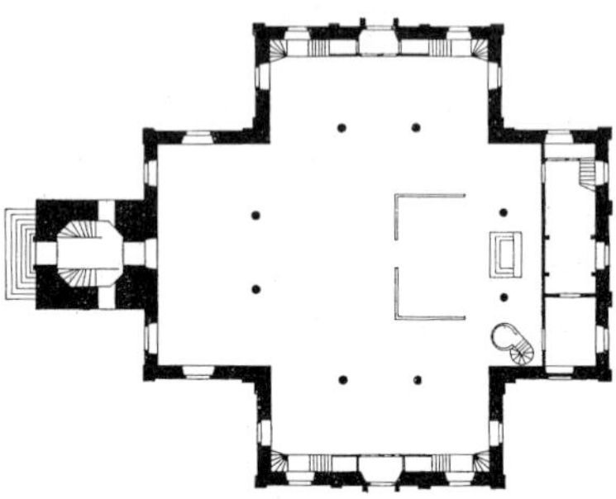

Der Altstadtpfad verläuft weiter in den westlichen Teil der Schustehrusstraße jenseits der Kaiser-Friedrich-Straße, früher Schwarzer Graben, in den ehemals höfisch geprägten Bereich an der Schloßstraße.

Kaiser-Friedrich-Straße

1892 benannt nach Friedrich III, Sohn Kaiser Wilhelms I, 1888 für 100 Tage Deutscher Kaiser. Sein Nachfolger war Wilhelm II.

Die Kaiser-Friedrich-Straße wurde erst am Ende des 19. Jahrhunderts angelegt. Sie verläuft teilweise entlang dem früheren sogenannten »Schwarzen Graben«. Das war ein morastiges Gelände, das den östlichen Teil der Charlottenburger Altstadt rund um die Luisenkirche vom westlichen Teil an der Schloßstraße trennte. Die heutige Schustehrusstraße (damals Scharrenstraße) war bis ins 19. Jahrhundert die einzige Verbindung zwischen den beiden Teilen. Auch die heutige Kaiser-Friedrich-Straße wirkt wie eine Trennlinie, allerdings nicht mehr wegen dem Morast, sondern wegen dem starken Autoverkehr.

Tafel 11 **Schlesien-Oberschule** (heute Oppenheim-Oberschule)

Ab 1870 führte der Zuzug wohlhabender und gebildeter Berliner nach Charlottenburg zum verstärkten Aufbau von Oberschulen. So wurde die heutige Schlesien-Oberschule 1915 von Magistratsbaurat Winterstein als Haupt- und Realschule errichtet. Das Backsteingebäude bietet mit dem Putzanstrich im Obergeschoß, den reichen Verzierungen der Holzgiebel und Fensterlaibungen ein malerisches Bild. Die Fassade wurde 1986 instandgesetzt. Nach 1945 beherbergte sie verschiedene Schultypen, heute befindet sich hier eine Hauptschule.

Das Grundstück der Schule und der angrenzende Schustehruspark gehörten früher zur »Villa Oppenheim«. Die Stadt Charlottenburg erwarb 1911 das Gelände, um einen öffentlichen Park zu schaffen.

Der Gartendirekter und Gartenarchitekt Barth legte 1914 die geometrische Parkanlage an. Er fügte dabei die damals bestehenden Pflanzen und Bäume ein. Der Park steht unter Denkmalschutz (Gartendenkmal). 1986 wurde er rekonstruiert. Die Straße und der Park erhielten den Namen des Oberbürgermeisters Schustehrus ...

Der Altstadtpfad verläuft weiter durch den Park zur »Villa Oppenheim«. Bitte beachten Sie die Informationstafeln zum Schustehruspark im Eingangsbereich.

Otto-Grüneberg-Weg

Benannt 1989 nach dem Charlottenburger Otto Grüneberg, geb. am 7.2.1908 in Charlottenburg und gestorben am 1.2. 1931 in Berlin-Charlottenburg. Er war Mitglied der »Roten Jungfront« und engagierte sich in der Häuserschutzstaffel eines Zille-Kiezes zur Abwehr des SA-Terrors. Am Abend des 1. Februar 1931 kam es an der Ecke Schloßstraße und Hebbelstraße zu einem Zusammenstoß mit der SA. Grüneberg wurde dabei von einem SA-Mann erschossen. An dem Haus Schloßstraße 22 erinnert eine Gedenktafel an diesen Mord.

Tafel 12 **Villa Oppenheim**

Die Villa ist nach den früheren Eigentümern benannt und steht unter Denkmalschutz.
Sie wurde 1881/82 vom Architekten Heidecke auf dem Grundstück der alten Villa des königlichen Grafen v. Kameke erbaut. Die Ziegel- und Sandsteinfassade in den Formen der Renaissance und der klassisch symmetrische Grundriß verkörpern die historisierenden Gestaltungselemente dieser Zeit.

Nach 1911 wurden alle Nebengebäude der Villa (Gartensaal, Kegelbahn und Treibhäuser) abgerissen, die Schlesien-Oberschule errichtet und der Privatpark zum Schustehruspark umgebaut.
Nach schweren Kriegsschäden erhielt die Villa 1945 ein flaches Notdach. 1985 wurde sie restauriert. Beachtenswert ist der original aufgebaute Dachstuhl mit der Schieferabdeckung. An dieser Arbeit erlernten 50 Schüler einer Gewerbeschule die alten Handwerkertechniken. Heute sind in der Villa eine Kindertagesstätte, das Kunstamt und die Schulverwaltung untergebracht.

Der Bankier **Alexander Mendelssohn kaufte 1845 das riesige Anwesen**, auf dem heute der Schustehruspark, die Oppenheim-Schule und die Villa Oppenheim untergebracht sind. Zuvor hatte das Grundstück dem Kammerherrn und Legationssekretär Graf von Kameke gehört. Mendelssohn bebaute es mit der »Villa Sorgenfrei« und einigen Nebengebäuden. Er war Besitzer des renommierten Berliner Privatbankhauses Mendelssohn Et Co. und gleichzeitig Ehrenbürger der Stadt Charlottenburg.
1888 übernahm sein Schwiegersohn Otto Georg Oppenheim das gesamte Anwesen, ließ die »Villa Sorgenfrei« abreißen und baute an ihrer Stelle ein zweigeschossiges Haus, die heutige Villa Oppenheim. Auf dem 28.000 Quadratmeter großen Grundstück entstanden außerdem eine Kegelbahn, ein Tennisplatz, Gartensaal und Treibhäuser.
Nach dem Tod Otto Georg Oppenheims wurde **1910** dessen Sohn **Hugo Oppenheim Besitzer des Anwesens**. Der Multimillionär Hugo Oppenheim war Teilhaber des Berliner

Privatbankhauses Robert Warschauer & Co. Er verkaufte den gesamten Grundstückskomplex **1911** für 1,5 Millionen Mark **an die Stadt Charlottenburg**.

Denn die Villa Oppenheim war inzwischen durch die umliegende Mietshausbebauung ein Anachronismus geworden. Das Grundstück war zwar riesig, aber es war umstellt von hohen Mietshäusern, aus deren oberen Stockwerken man auf die Gartenanlage herab sehen konnte. Damit war die Intimität des großbürgerlichen Wohnens verloren gegangen.

Der Kaufpreis entsprach einem äußerst günstigen Quadratmeterpreis von ungefähr 53 Mark. Der Magistrat richtete auf dem Gartengelände einen öffentlichen Park ein. Er hatte angesichts des Mangels an Grünflächen im Inneren der Stadt die Gefahr gesehen, *»dass der schöne große Park zu Baustellen für Mietskasernen ausgenutzt wird«*.

Den nicht benötigten Rest des Grundstücks, immerhin fast 1,36 Hektar, verkaufte die Stadt spekulationsträchtig für durchschnittlich 85 Mark pro Quadratmeter an verschiedene Interessenten – ein gutes Geschäft, durch das sich die städtischen Erwerbungskosten letztlich auf knapp 350.000 Mark verringerten. Einen Quadratmeterpreis von 108 Mark musste der Kreiskriegerverband für die Villa und deren Nahbereich zahlen.

Die Einrichtung des öffentlichen Parks, die den etwa hundertjährigen Baumbestand mit einem streng rechtwinkligen Wegesystem verband, lag in der Verantwortung des Charlottenburger Stadtgartendirektors Erwin Barth. Barth, der 1926 zum Stadtgartendirektor von Groß-Berlin aufstieg,

hat zahlreiche Stadtplätze und Parks in Charlottenburg gestaltet. Er sah die Gartenkunst als eine soziale Aufgabe an. Hier sollten Ruheplätze, Gärten und Spielplätze für diejenigen entstehen, die nicht über eigenen Grund und Boden verfügten.

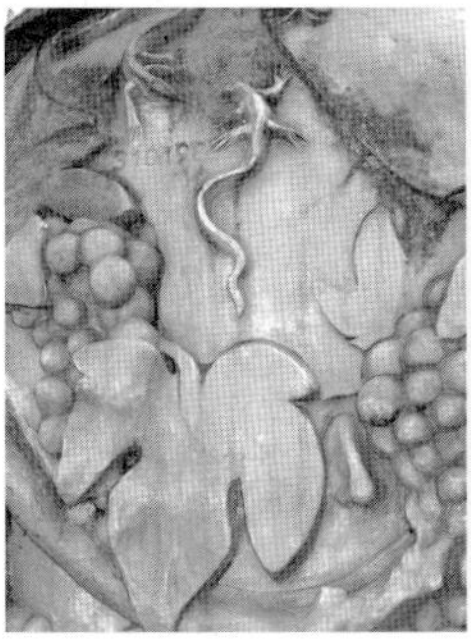

Die neue Parkanlage erhielt einen Zugang von der Schloßstraße, so dass sie auch für die Bewohner des dicht besiedelten Arbeiterviertels westlich der Schloßstraße leicht zugänglich wurde.

1985/86 wurde der nach Karl Schustehrus benannte Park für 1,8 Millionen Mark aus Sondermitteln zur 750-Jahr-Feier Berlins nach gartendenkmalpflegerischen Gesichtspunkten wiederhergestellt.

Auch die kriegsbeschädigte und zunächst nur notdürftig wiederhergestellte ›Villa Oppenheim‹ wurde **1986** restauriert, wobei das Dachgeschoss originalgetreu wiederaufgebaut worden ist.
Die Villa Oppenheim ist Sitz des Kulturbüros City-West, das neben Ausstellungen auch Lesungen, Buchpräsentationen, Puppenspiel etc. veranstaltet.

Schloßstraße

Das an der Ecke Otto-Grüneberg-Weg und Schloßstraße aufgestellte Kunstprojekt – der »Charlottenburger Kunstraum« – stammt von Gerhard Andrees und steht seit 1989 an dieser Stelle. Zum Vorbild für die dargestellte Hügellandschaft hat der Künstler eine Zeichnung genommen, die den Blick von der kommunalen Müll-Deponie Wannsee auf die

Hügel um Potsdam zeigt. Andrees will mit seinem Werk nach eigenen Angaben *»ein Zeichen zur Humanisierung unseres Lebensraumes setzen«*, da für ihn gerade diese Stelle an der Schloßstraße *»durch die unproportionierte Überbauung der Gründerjahre, den vielfältigen Kriegs- und Nachkriegszerstörungen wie durch wilde Deponien zerstört wurde«*.

Die Schloßstraße wurde im Zusammenhang mit dem Bau des Schlosses um 1700 angelegt, hieß zunächst »Große Allee« und erhielt den Namen Schloßstraße am Ende des 18. Jahrhunderts. Sie ist einen Kilometer lang und 70 Meter breit. Eine Bedeutung für den Verkehr hat sie erst im 19. Jahrhundert erlangt, denn sie endete zunächst im sogenannten Nassen Dreieck auf der Höhe der heutigen Zillestraße und Knobelsdorffstraße. Zum Schloss gelangte man damals über die Berliner Straße, die heutige Otto-Suhr-Allee. Die Schloßstraße wurde angelegt als Sichtachse auf das Schloss und als Wohnstraße für Schlossbedienstete und für das Militär.

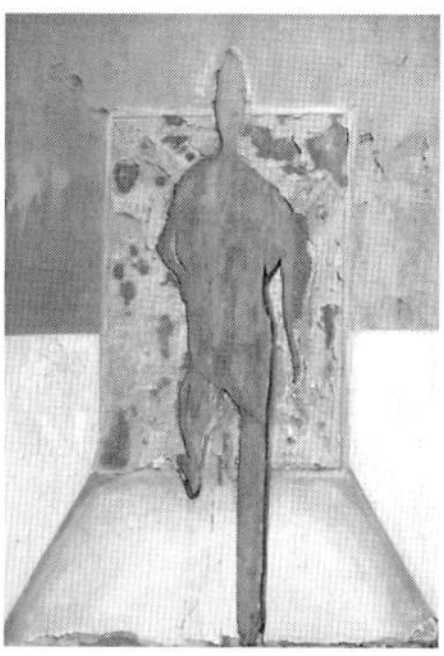

Im 19. Jahrhundert wurde aus der Schloßstraße nicht nur eine Durchgangsstraße, sondern auch eine soziale Grenze: Westlich beginnt der Klausenerplatz-Kiez, ein sozialer Brennpunkt des Bezirks, während an der östlichen Seite der Straße durchaus hochherrschaftlich gewohnt wurde und wie wir gerade gesehen haben, eine Villa existierte, wie sie in dieser Dimension selbst in der Millionärskolonie Grunewald kaum zu finden war.

Schloßstraße Nr. 56

Zu den auffälligsten Gebäuden an der Schloßstraße gehört heute zweifellos die von dem Architektenehepaar Hinrich und Inken Baller entworfene, 1988 fertiggestellte Sporthalle hier auf dem Grundstück **Schloßstraße 56**. Die Architekten lösten die anfangs für unmöglich gehaltene Aufgabe, auf dem verhältnismäßig kleinen Grundstück eine Doppelturnhalle unterzubringen, indem sie die Hallen übereinan-

der bauten, was besondere statische Probleme aufwarf, aber gelöst werden konnte. Auf diese Weise entstand in Stahlbetonweise im ersten Obergeschoss eine Halle in der Größe eines Handballfeldes und darüber eine weitere Halle, die olympischen Normen entspricht. Die mit der Verglasung der Geschosse erzielte Transparenz und die lebhafte Fassadengliederung mit Balkonen sowie Vor- und Rücksprüngen lassen die Funktion des Gebäudes zunächst nicht vermuten. Dies war auch die Absicht Hinrich Ballers, für den normale Turnhallen aussehen *»wie für die Schweinezucht gebaut«*.
Eine Sehenswürdigkeit eigener Art ist das Tonnengewölbe der oberen Halle: Statt der in Turnhallen sonst üblichen

monströsen Lüftungsanlagen und Deckenkonstruktionen vermitteln feine stählerne Spannglieder und Aufhängungen für die Sportgeräte eine geheimnisvolle Zirkusatmosphäre, *»wie wenn es gleich los geht«* (Hinrich Baller).

Ein zweites Beispiel für die auffällige Baller-Architektur ist wenige Meter südlich von hier an der Schloßstraße 45–47 zu besichtigen, außerdem an der **Stallstraße Ecke Nithackstraße** und an der Schustehrusstraße Ecke Nithackstraße. Vor einigen Jahren entstand in Wilmersdorf an der Württembergischen Straße unweit des Fehrbelliner Platzes ein größerer

Neubaukomplex von Baller. Das letzte spektakuläre Baller-Projekt waren die Rosenhöfe im Bezirk Mitte neben den Hackeschen Höfen.

An dem »neuen Expressionismus« von Hinrich und Inken Baller scheiden sich die Geister seit bald 20 Jahren. Für die einen haben die Häuser mit den charakteristischen Spitzbogengiebeln und den lindgrünen, aus dünnen Rundstählen gebogenen Fenster- und Balkongittern *»Gesicht und Charakter«*. Für andere wiederum sind die Baller-Bauten mit ihren filigranen Details lediglich Ausdruck *»architektonischen Mutwillens«* und eines dem äußeren Showeffekt frönenden »architektonischen Narzissmus«. Gleichwohl setzen die Baller-Bauten hier an der Schloßstraße wirkungsvolle städtebauliche Akzente und bereichern die vorhandene Vielfalt der architektonischen Formen um zwei außergewöhnliche Bauwerke der Moderne.

Schustehrusstraße

Nithackstraße

1950 benannt nach dem Pfarrer, Schriftsteller und Pazifisten Walter Nithack-Stahn (1866–1942). Er war Pfarrer an der Kaiser-Wilhelm-Gedächtnis-Kirche. Die Straße hieß vorher »Oranienstraße«.

An der Ecke befindet sich das zuvor erwähnte **Baller-Haus**.

Tafel 13 **Eosander- und Schinkel-Grundschulen**

Am Beispiel dieser Schulen wird die Entwicklung des Schulbaues und der Schulpolitik deutlich. Mit dem 7fachen Bevölkerungszuwachs zwischen 1875 und 1900 in Charlottenburg stieg die Schülerzahl um das 10fache auf 18.000 an. Dieser Anstieg stellte große soziale und bauliche Anforderungen. Politische Maßnahmen der Stadtverwaltung und private Initiativen setzten vorbildliche und neue Schulreformen gegenüber der staatlichen Schulpolitik durch. So wurden der Halbtagsunterricht, gemeinsame Schulen für Jungen und Mädchen, Fortbildungsschulen für Gewerbe und Haushalt, die Waldschule und Lehrerseminare eingeführt. Auch die 6klassige Grundschule wurde eingerichtet, Es dauerte bis 1920, ehe alle benötigten Schulen erbaut waren …

Die nach den Baumeistern Eosander und Schinkel benannten Grundschulen wurden 1913/14 durch Stadtbaumeister Weingartner im Stil der beginnenden Moderne mit expressionistischen Elementen im Dekor errichtet. Die Schule diente im 1. Weltkrieg als Lazarett und Kaserne. Erst zu Beginn der 20er Jahre wurde sie als Schule genutzt.
1986 wurde das Dach restauriert. Die beschädigten Dekorplatten, auch an den 17 Säulen der Pergola, und die keramischen Platten im Eingangsbereich der Fassade wurden erneuert. Die Reliefs der vier Jahreszeiten über die Pergola sind neu oder rekonstruiert worden.

Wulfshainstraße

Benannt 1950 nach Emanuel Wulfshein, Stadtverordnetenvorsteher in Charlottenburg, gest. 1880. Die Straße hieß davor Jägerstraße.

Tafel 14 **Wulfsheinstraße 8**

Die Wulfsheinstraße führte von der Schloßstraße aus direkt auf den Jägerhof von Friedrich I. in der früheren Orangenstraße, heute Nithackstraße, zu. Dort steht heute die Schinkelschule. Im und um den Jägerhof siedelten die Jäger mit ihren Hunden, Pferden und Wagen. Vormals war auf diesem Gelände der königliche Küchengarten angelegt. Nach Abbruch des Jägerhofes stand dort ein Lazarett, später ein Palais nach Plänen des Architekten Schinkel ...

Am denkmalgeschützten Haus **Wulfsheinstraße 8** ist die bauliche Entwicklung dieser Straße im 19. Jahrhundert erkennbar. Der Kern des alten 2geschossigen Bürgerhauses geht mit seiner ursprünglich schlichten Fassadengestaltung und den sieben Fensterachsen auf das Jahr 1829 zurück. 1869 wurde es um zwei Geschosse aufgestockt und die beiden Balkone angebaut. Zugleich erhielt es die schmückenden Fassadenelemente (Dach- und Gurtgesims) des Spätklassizismus.
Eine grundlegende Instandsetzung und Modernisierung erfolgte 1979, Der Ausbau des Daches ist von der Straße aus nicht zu erkennen. Gleichfalls wurden die Fassade und das Treppenhaus denkmalgerecht restauriert.

Schloßstraße

Tafel 15 **Schloßstraße 67**

Die Schloßstraße, früher Breite Straße, wurde 1698 vom Schloß aus als senkrechte, barocke Sichtachse angelegt, und anfangs von königlichen Hofbeamten besiedelt. 1705 gründete König Friedrich I.

die »Residenzstadt« Charlottenburg. Für die höfische Stadt entfielen somit die im Reich üblichen Zollabgaben und später der Zunftzwang. Die 1geschossigen Bürgerhäuser mit Mansarddach (Modellhaus Eosander) wichen ab 1830 den späteren Villen und Miethäusem.

Der Mittelstreifen in der Schloßstraße entstand um 1840. Anschließend wurden die Vorgärten repräsentativ umgestaltet. Kennzeichnend dafür ist die symmetrische Anlage mit dem Pflanzenbeet in der Mitte …

Das Baudenkmal, die Villa **Schloßstraße Nr. 67** von Architekt Töbelmann 1873 erbaut, dokumentiert den repräsentativen Villenbau der Gründerzeit. Die aufwändigen Gestaltungselemente der Antike (Sandsteinfassade, Balkon, Säulen, Eingangs- und Treppenhausdekoration) veranschaulichen den Spätklassizismus. Die großen herrschaftlichen zwei 9-Zimmer-Wohnungen im Vorderhaus und Seitenflügel wurden um 1930 in kleinere Wohnungen aufgeteilt. Die Villa wurde 1947 renoviert und die Fassade 1966 restauriert.

1986 wurden die Vorgärten Schloßstraße 15a–23 und 65, 66, 67a von der Gartendenkmalpflege wiederhergestellt. Ganze Straßenabschnitte restaurierter Vorgärten im Stil der Zeit um 1880 sind einmalig in Berlin.

Tafel 16 **Schloß Charlottenburg**

Vom Schloß und der Schloßstraße ausgehend entwickelte sich die Altstadt Charlottenburg.

Die Mittelbauten des Schlosses errichteten die Baumeister Nehring, Grünberg und Eosander im Barockstil von 1695–1712. Anbauten durch Knobelsdorff folgten 1740-42 im Spätbarock und Rokokostil, 1788–91 im Frühklassizismus durch Langhans und 1825 von Schinkel ein zusätzlicher Bau im Klassizismus.

Die dem Schloß gegenüberstehenden klassizistischen Gebäude entstanden 1855–59. Mit den Pavillons und dem Marstall verdeckte König Friedrich Wilhelm IV. die darunterliegenden Stallungen von 1740 an der Stallstraße. Im westlichen Pavillon befindet sich das Antikenmuseum und im östlichen Pavillon, dem Marstall und Mäuseturm am Spandauer Damm 7–9 das Ägyptische Museum. Die Remise in der Nithackstraße, die auf dem Platz der früheren Stallungen nach dem Krieg errichteten Gebäude und das neue Quergebäude im Hof, werden von wissenschaftlichen und kulturellen Einrichtungen genutzt.

In dem 1986/87 restaurierten Kopfbau in der Schloßstraße 69 hat das Heimatmuseum Charlottenburg seinen Platz gefunden.

Schloßstraße Nr. 69

Das Heimatmuseum steht hier am richtigen Ort, denn genau hier begann vor knapp 300 Jahren, 1705 die städtische Entwicklung Charlottenburgs. Wir sind also am Ende unseres Spaziergangs am historischen Anfang angekommen.
Leider steht von den ersten Häusern keines mehr. Es waren die Häuser der Kammertürken Aly an der Schloßstraße 4 und Hassan an der Schloßstraße 6 und auf dem Gelände des heutigen Seniorenwohnheimes an der **Schloßstraße 2** das 1702 von Eosander von Göte für den höfischen Oberstallmeister Marquis Francois d'Aussaun de Villarnoux erbaute Haus, das von 1707 bis 1847 als Rathaus diente, in dem auch das Stadtgericht, eine Kirche und seit 1811 auch noch ein Gefängnis untergebracht wurden. Dieses Haus wurde 1882 abgerissen.

Hier, südlich des Spandauer Damms etablierten sich in früheren Militärgebäuden kulturelle Einrichtungen, die gemeinsam mit dem Schloss Charlottenburg ein Ensemble bilden, das wohl das meist besuchte kulturelle Zentrum unseres Bezirks und eine der größten Touristenattraktionen Berlins ist: Die beiden Stüler-Bauten wurden 1855 bis 1859 im Auftrag Friedrich Wilhelms IV von Friedrich August Stüler für eine Schwadron der königlichen Leibwache, die Garde du Corps gebaut, die seit 1740 in Charlottenburg stationiert

war. Aus dem östlichen Bau ist das **Ägyptische Museum** ausgezogen. Ab 2006 wird hier mit der **Sammlung Scherf/ Gerstenberg** phantastische Kunst von Goya bis zum Surrealismus präsentiert. Gegenüber ist im **Museum Berggruen**. die klassische Moderne mit dem Schwerpunkt Picasso zu besichtigen. Daran anschließend entstand 1892/93 als Mannschaftsgebäude und Offizierswohnhaus der Gardes-du-Corps ein von dem Architekten Kahl errichtetes Gebäude, in dem heute das Bröhan-Museum untergebracht ist.

In der Mitte der Schloßstraße steht seit 1901 das Bronzestandbild des Prinzen Albrecht von Preußen (1809–1872). Er war der jüngste Bruder Kaiser Wilhelms I und ist hier als Reitergeneral dargestellt. Die Reliefs an den Seiten zeigen

Kampfszenen aus dem deutsch-französischen Krieg von 1870/71, an dem Albrecht teilgenommen hat. Das Denkmal wurde von dem Bildhauer Eugen Boermel und dem Maler Conrad Freyberg geschaffen. Dieser ist als Regimentskamerad Prinz Albrechts auf dem östlichen Sockelrelief selbst dargestellt.

Die Schloßstraße dient heute rein friedlichen Zwecken: Neben dem Flanieren im Sommer vor allem dem Boule-Spiel.

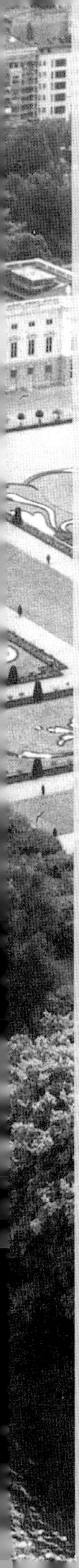

Kiezspaziergang
durch den Park von Schloss Charlottenburg

Ausgangspunkt:
Hinter dem Schloss Charlottenburg
(Gartenseite)

Auf den ersten Blick mag die Besichtigung des Charlottenburger Schlossparks kein typischer Kiezspaziergang sein, aber es ist auf jeden Fall ein großes Vergnügen, einen der schönsten Barockgärten Deutschlands kennen zu lernen.
Die Texte dieses Beitrags haben wir mit freundlicher Genehmigung von der Stiftung Preußische Schlösser & Gärten Berlin-Brandenburg SPSG übernommen.

Schlossgarten Charlottenburg
Vom Barockgarten zum Landschaftspark

Der Charlottenburger Schlosspark wurde zur Bauzeit des Schlosses von dem Le-Nôtre-Schüler Siméon Godeau als französischer Barockgarten angelegt. Am Ende des 18. Jahrhunderts in der Zeit Friedrich Wilhelms II. galt diese Gestaltung als unmodern, und man wandelte den Park in einen Landschaftsgarten um. Diese Arbeiten leitete der aus Wörlitz berufene Johann August Eyserbeck. Ab 1819 setzte Peter Joseph Lenné diese Entwicklung fort und löste den Barockgarten völlig auf.
Nach den Zerstörungen im Zweiten Weltkrieg wurde am Schloss wieder ein barockes Parterre hergerichtet, der hintere Teil des Gartens ist im englischen Stil wiedererstanden. Das Parterre wurde vom Herbst 2000 bis Juni 2001 sorgfältig restauriert.

Schloss und Garten Charlottenburg

Das Schloss Charlottenburg - nach schweren Zerstörungen im Zweiten Weltkrieg weitgehend originalgetreu wieder hergestellt – ist heute die größte ehemalige Hohenzollernresidenz in der deutschen Hauptstadt. Das Museumsschloss von Weltrang gilt als beliebtes Ausflugsziel und gefragter Veranstaltungsort kultureller und gesellschaftlicher Ereignisse. Ein hervorragendes Ensemble von beeindruckenden Gebäuden, prachtvollen Innenräumen, kunsthistorischen Meisterwerken und bedeutenden Gartenanlagen bietet vielfältige Einblicke in die höfische Geschichte Brandenburg-Preußens von der Barockzeit bis ins frühe 20. Jahrhundert. Auf einer »kulturhistorischen Zeitreise« erlebt der Besucher hier unmittelbar 300 Jahre Kunst und Geschichte.

Bauherren:

Sophie Charlotte Kurfürstin von Brandenburg
ab 1701 Königin in Preußen (1668 – 1705)
Friedrich I. (1657 – 1713)
Friedrich II., der Große (1712 – 1786)
Friedrich Wilhelm II. (1744 – 1797)
Friedrich Wilhelm III. (1770 – 1840)
Friedrich Wilhelm IV. (1795 – 1861)

Baumeister:

Arnold Nering (1659 – 1695)
Johann Friedrich Eosander (1669 – 1728)
Georg Wenzeslaus von Knobelsdorff (1699 – 1753)
Carl Gotthard Langhans (1732 – 1808)
Heinrich Gentz (1766 – 1811)
Karl Friedrich Schinkel (1781 – 1841)

Gartengestalter:

Siméon Godeau (1632 – nach 1716)
Johann August Eyserbeck (1762 – 1801)
Johann Georg Steiner (1739 – 1807)
Peter Joseph Lenné (1789 – 1866)

Noch als Kurfürstin ließ Sophie Charlotte 1695–1699 unweit des damals ländlich abgelegenen Dorfes Lietzow in der Nähe der Spree ein Sommerschlösschen nach dem Entwurf Arnold Nerings errichten. Der kleine zweigeschossige Bau von elf Fensterachsen trug im Norden, zum Garten hin, über einem vorspringenden ovalen Saal eine Kuppel. Anlässlich der Königskrönung ihres Gemahls Kurfürst Friedrichs III. 1701 in Königsberg zum ersten König in Preußen, wurde der schwedische Architekt Johann Friedrich Eosander mit umfassenden Neuplanungen beauftragt. Er verlängerte die Gartenfront durch Anbauten im Westen und Osten zu einer repräsentativen Schaufassade nach dem Vorbild von Versailles und gestaltete die Stadtseite durch zwei im rechten Winkel angefügte Kavalier- und Wirtschaftsgebäude zu einem Ehrenhof.

Gleichzeitig wurde die um einen Tambour erhöhte Kuppel auf die Stadtseite über den dort vorspringenden Mittelrisalit versetzt. Der weiträumige Garten, nach Plänen Siméon Godeaus, eines Schülers von André Le Nôtre gestaltet, ist die älteste rein französische Barockanlage in Deutschland.

Nach Sophie Charlottes Tod 1705 wurde das Schloss ihr zu Ehren in Charlottenburg umbenannt. **Friedrich I.** ließ den Bau, der noch nicht abgeschlossen war, weiterführen und nutzte das großartige Ensemble als bevorzugte Nebenresidenz. Auch heute, nach ihrer Wiederherstellung, beeindrucken die königlichen Paradeappartements im Alten Schloss mit der eichenholzvertäfelten Ahnengalerie, dem berühmten ostasiatischen Porzellankabinett und der königlichen Kapelle zahlreiche Besucher.

Unter seinem Nachfolger **Friedrich Wilhelm I.** wurden die noch nicht ganz zu Ende geführten Arbeiten abgebrochen. Neben einigen Innendekorationen kamen verschiedene Bauvorhaben, so die im Osten in Entsprechung zur westlichen geplante Orangerie, nicht mehr zur Ausführung. **Friedrich der Große** ließ 1740–1746 an Stelle der Orangerie den Neuen Flügel nach Plänen von **Georg Wenzeslaus von Knobelsdorff** anbauen. Da der König Charlottenburg zu seiner Residenz machen wollte, wurde die Innenausstattung mit großem finanziellen und künstlerischen Aufwand be-

trieben. Neben den prachtvollen Festsälen Goldene Galerie und Weißer Saal sind in den Wohnungen des Königs vor allem Meisterwerke französischer Rokokomalerei von Antoine Watteau, Nicolas Lancret und Jean Siméon Chardin, aber auch kostbare Tabatièren und erlesenes Mobiliar zu bewundern.

Zu den letzten großen baulichen Veränderungen im Auftrag **Friedrich Wilhelms II.** gehörte die Verlängerung des westlichen Orangerietrakts durch das Schlosstheater, 1788–1791 nach Plänen von **Carl Gotthard Langhans** errichtet. Es beherbergt jetzt, nach Beseitigung von Kriegsschäden, das von der Stiftung Preußischer Kulturbesitz betriebene Museum für Vor- und Frühgeschichte. Im Neuen Flügel ließ sich der König 1788 eine Sommerwohnung im chinesisch-etruskischen Stil und 1796–1797 die frühklassizistischen Winterkammern einrichten. Die letztgenannte Zimmerflucht bewohnte auch nach dem Tod ihres Schwiegervaters Königin Luise, für die **Karl Friedrich Schinkel** 1810 das berühmte Schlafzimmer mit Mobiliar aus Birnbaumholz entwarf. Ihr Gemahl **Friedrich Wilhelm III.** nutzte die darunter gelegenen Räume im Erdgeschoss, die ehemals zum Appartement der Königin Elisabeth Christine, Gattin Friedrichs des Großen, gehörten.

Friedrich Wilhelm IV. und Königin Elisabeth ließen sich ab 1840 wieder im Obergeschoss des Alten Schlosses Wohnungen einrichten, in denen heute Gemälde, Möbel und Skulpturen aus den nicht mehr erhaltenen Appartements der Berliner und Potsdamer Schlösser des Herrscherpaares zu sehen sind. Im Anschluss daran werden in der Hoftafel- und Silberkammer kostbare Tafelaufsätze, Kandelaber, Vasen, Silberbestände und Teile berühmter Porzellanservice aus der Berliner und Meißener Manufaktur präsentiert. Besondere Aufmerksamkeit verdient das 50 Gedecke umfassende »Kronprinzensilber«, das anlässlich der Hochzeit des letzten deutschen Kronprinzenpaares Wilhelm und Cecilie 1904 von zahlreichen Städten und Gemeinden in Auftrag gegeben wurde sowie das Kronkabinett, in dem die traditionsreichen preußischen Kroninsignien von 1701 – teilweise Leihgaben des Hauses Hohenzollern – aufbewahrt werden.

In der Kaiserzeit wurde Charlottenburg nur während der kurzen Regierung des todkranken Friedrichs III., der mit seiner englischen Gemahlin Victoria im Frühjahr 1888 das Schloss bewohnte, als Residenz genutzt. Danach diente es dem Empfang und der Unterkunft fürstlicher Gäste. Nach dem Ende der Monarchie 1918 und dem Übergang in staatliche Verwaltung, wurde Charlottenburg ab 1927 zur Besichtigung geöffnet. 1943–1945 weitgehend zerstört, ist es in den folgenden Jahrzehnten wieder aufgebaut und neben gerettetem Originalinventar mit Beständen aus den zerstörten Berliner und Potsdamer Schlössern sowie umfangreichen Dauerleihgaben des Hauses Hohenzollern ausgestattet worden.

Der Schlossgarten hatte seit 1786 eine grundlegende Umgestaltung im Sinne des englischen Landschaftsideals unter Einfluss von Johann August Eyserbeck, Johann Georg Steiner und Peter Joseph Lenné erfahren. Nach den Verwüstungen des Zweiten Weltkriegs wurde das Parterre zwischen Schloss und Karpfenteich in Anlehnung an den barocken Zustand neu gestaltet.

Große Orangerie

am Schloss Charlottenburg

Die im Westen an das Alte Schloss anschließende Große Orangerie wurde 1709–1712 als langgestreckter einstöckiger Barockbau, dessen Mitte durch einen an beiden Seiten stark vorspringenden rechteckigen Pavillon hervorgehoben war, errichtet. Im Inneren lag hier ein Salon, der sich durch weite, dreiachsige Säulenstellungen zu den durch eine Pilasterordnung gegliederten Flügeln hin öffnete. Nach Kriegszerstörung und Wiederaufbau bis 1962 wurde die Decke des Mittelsalons 1974 von dem Berliner Maler Peter Schubert mit einer architektonischen Scheinmalerei in moderner Formensprache neu gestaltet.

Ursprünglich zur Aufbewahrung der berühmten Charlottenburger Zitrussammlung erbaut, diente die Große Orangerie der Hohenzollernfamilie in den Sommermonaten als repräsentativer Gartenfestsaal, um Bälle, Empfänge und Hochzeitsfeiern stattfinden zu lassen. Heute ist das Gebäude ein gesuchter Ausstellungs- und Veranstaltungsort und wird für unterschiedliche Zwecke vermietet.

Neuer Pavillon
im Schlossgarten Charlottenburg

1824 ließ sich **Friedrich Wilhelm III.** in unmittelbarer Nähe zur Spree östlich des Neuen Flügels nach Plänen **Karl Friedrich Schinkels** ein zweigeschossiges, im Grundriss quadratisches Sommerhaus errichten. Als Vorbild bestimmte er die neapolitanische Villa Reale del Chiatamone, in der er bei seiner Italienreise 1822 gewohnt hatte. Der Pavillon mit seiner bürgerlich-einfachen Ausstattung wurde während des Zweiten Weltkriegs fast völlig zerstört. In den größtenteils rekonstruierten Innenräumen ist seit 1970 ein Museum mit Meisterwerken der Schinkelzeit untergebracht. Gemälde der Romantik und des Biedermeier von Carl Blechen, Karl Friedrich Schinkel und Eduard Gaertner sowie Mobiliar, Skulpturen, Porzellan und Berliner Eisenkunstguss sind hier zu sehen.

Mausoleum

im Schlossgarten Charlottenburg

Unmittelbar nach dem Tode der beliebten und im Volk hochverehrten Königin Luise 1810 wurde ihr Mausoleum nach Entwurf von **Heinrich Gentz** ausgeführt.

Mit seiner viersäuligen dorischen Giebelfront erinnert der Bau an einen Tempel, der sich heute am Ende einer Douglasienallee erhebt. Die ursprünglich aus Sandstein gefertigte, vermutlich von **Karl Friedrich Schinkel** entworfene Säulenfront wurde 1828/1829 auf die Pfaueninsel übertragen und hier durch eine Nachbildung aus rotem Granit ersetzt. Die innere Halle war zunächst nur für den 1815 aufgestellten Marmorsarkophag der Königin, einem von Christian Daniel Rauch geschaffenen Hauptwerk deutscher Skulptur des 19. Jahrhunderts, vorgesehen. Als Luises Gemahl Friedrich Wilhelm III. 1840 starb, ist das Mausoleum durch einen Querbau mit Apsis nach Entwurf Schinkels von **Ludwig Ferdinand Hesse** erweitert worden.

Nach dem Tode Kaiser Wilhelms I. 1888 und seiner Gemahlin Augusta 1890 wurde der Bau durch **Albert Geyer** abermals vergrößert und 1894 die beiden von Erdmann Encke geschaffenen Marmorsarkophage hier aufgestellt.

In der für die Öffentlichkeit nicht zugänglichen Gruft unter dem Mausoleum sind außer den genannten Herrscherpaaren die Fürstin Liegnitz, morganatisch angetraute zweite Gemahlin Friedrich Wilhelms III., und Prinz Albrecht, jüngster Sohn Luises und Friedrich Wilhelms III. sowie zu Füßen seiner Eltern das Herz des in der Potsdamer Friedenskirche beigesetzten Friedrich Wilhelm IV. bestattet.

Gartenkünstlerische Einführung

Der ca. 55ha große Schlossgarten Charlottenburg liegt am linksseitigen Ufer der Spree in Berlin.

In ländlicher Lage wurde das Schloss Lietzenburg als Sommersitz **Sophie Charlottes**, Gemahlin von Kurfürst Friedrich III., von **Arnold Nering** 1696–1699 erbaut. Der Garten wurde unter **Siméon Godeau**, einem Schüler Le Nôtres, als erster deutscher Garten im französischen Stil angelegt.

Sophie Charlotte wählte das Erdgeschoss des Schlosses für ihre Wohnräume. Vom mittleren Ovalen Saal führten drei Sichtlinien nach Schloss Schönhausen und Oranienburg und zur Zitadelle Spandau. Unterhalb der Terrasse erstreckte sich das in acht Kompartimente geteilte, in der Sonne liegende Broderieparterre, im Osten und Westen von vierreihigen Baumalleen gefasst, die in nördlicher Richtung ein großes Wasserbecken umschlossen. Östlich und westlich des Parterres lagen Boskette. In westlicher Richtung des Schlosses befand sich ein Blumengarten. Vasen, Skulpturen und exotische Pflanzen schmückten Parterre und Terrasse. 1701 wurde Kurfürst Friedrich III. König Friedrich I. in Preußen. 1705 endete durch den plötzlichen Tod der Königin Sophie Charlotte die gesellschaftliche, kulturelle und künstlerische Glanzzeit Lietzenburgs. **Friedrich I.** nannte das Schloß »Charlottenburg«. Die Baumaßnahmen zur Schlosserweiterung wurden durch **Johann Friedrich Eosander** ab 1701 fortgesetzt. Die Schlosshofanlage wurde vollendet und die westliche Orangerie hinzugefügt.

Gartenerweiterungen erfolgten ab 1705 im Westen durch ein weiteres Boskett und eine Mailbahn und im Nordwesten durch zwei Boilingbahnen auf Rasenflächen und eine Ringelstechanlage auf dem Wasser, sowie einen Fasanengarten.

1740 gewann Charlottenburg unter Friedrich II. an Bedeutung. Mit dem Neuen Flügel wurde der Schlosskomplex vollendet. Vor diesem entstand ein Vorgarten, aus zwei von Linden eingefassten Parterres.

Unter Friedrich Wilhelm II., der von 1786–1797 regierte, entstanden die ersten landschaftlichen Partien. Das große Broderieparterre wurde zu einem weiten Rasengrund zusammengeführt und mit Gruppen von Gehölzen bepflanzt. Wege durchschlängelten die Boskette, Kanäle wurden mit natürlicher Uferlinie geformt und im Westen des Gartens entstand ein modernes Aha, ein trockener Grenzgraben, der die Sicht in die Feldflur ermöglichte. Das von **Carl Gotthard Langhans** 1788 erbaute Belvedere an der Spree bildet heute noch den Hauptbezugspunkt des landschaftlich geprägten Gartens.

Ab 1801 führte Johann Georg Steiner die von August Eyserbeck seit 1788 vorgenommenen Veränderungen im Garten fort. 1810 ließ Friedrich Wilhelm III. der verstorbenen Königin Luise das Mausoleum nach einem Entwurf von **Schinkel** errichten. 1824 erfolgte der Bau des Neuen Pavillons von **Schinkel** und die Anlage seiner Umgebung. Unter Lenné erreichte der Schloßssgarten seine Vollendung zum klassischen Landschaftsgarten.

Durch die Stadterweiterung haben Schloss und Garten ab der zweiten Hälfte des 19. Jahrhunderts ihre reizvolle Lage verloren. Die Bahnlinie Berlin–Hamburg und eine geplante Straßenführung bedingten Grenzverschiebungen im nördlichen Bereich des Gartens.

Um 1900 erfolgte in der unmittelbaren Umgebung des Schlosses eine Geometrisierung der Flächen.

Im zweiten Weltkrieg erfuhren Schloss und Garten große Schäden. Beim Wiederaufbau entschied man sich für die Rekonstruktion des Broderieparterres. Die Broderien wurden nach Musterbüchern angelegt. Der nördliche Bereich, der als Kleingartenanlage und Trümmerberg genutzt war, wurde in den 50er Jahren des 20. Jh. in die Parkgestaltung einbezogen. Im Frühjahr 2001 wurde das in den fünfziger Jahren rekonstruierte Parterre restauriert.

Seit 1971 befindet sich im Belvedere des Charlottenburger Schlossparks, einem vom Architekten **Carl Gotthard Langhans** 1788 für König **Friedrich Wilhelm II.** von Preußen errichteten Pavillon, die KPM-Porzellansammlung des Landes Berlin. Sie ist die wichtigste öffentliche Sammlung Berliner Porzellane und gehört zu den herausragendsten Fachsammlungen der Hauptstadt überhaupt. Ihr Bestand setzt sich aus Werken der Manufakturen Wilhelm Caspar Wegelys (1751–1757), Johann Ernst Gotzkowskys (1761–1763) und dessen 1763 von König Friedrich II. übernommenen und seitdem Königliche Porzellan-Manufaktur KPM genannten Unternehmen zusammen.

Nach umfassender Sanierung des Hauses präsentiert sich heute die Sammlung in drei Abteilungen mit den Themen Porzellan zu Tee und Kaffee, zu Tafelservicen und zur Innenraumdekoration. Zarte Puttenmalereien, Erinnerungstassen an die Befreiung von der napoleonischen Besetzung, Tafelservice des Rokokos und Klassizismus, raffinierte Prunkvasen mit Ansichten königlicher Schlösser und Gärten und vieles mehr bieten spannende Entdeckungen für unterschiedlichste Interessen. Eine ausführliche Beschriftung gibt zudem Auskunft zu den kulturgeschichtlichen Hintergründen.

Bundesallee

die komödie über
liebe, sex und hustensaft.
SOLO
album
DER FILM
nach dem roman von
benjamin v. stuckrad-barre
SOLO album
DER BESTSELLER – AB 27. MÄRZ IM KINO!
WWW.SOLOALBUM-DERFILM.DE

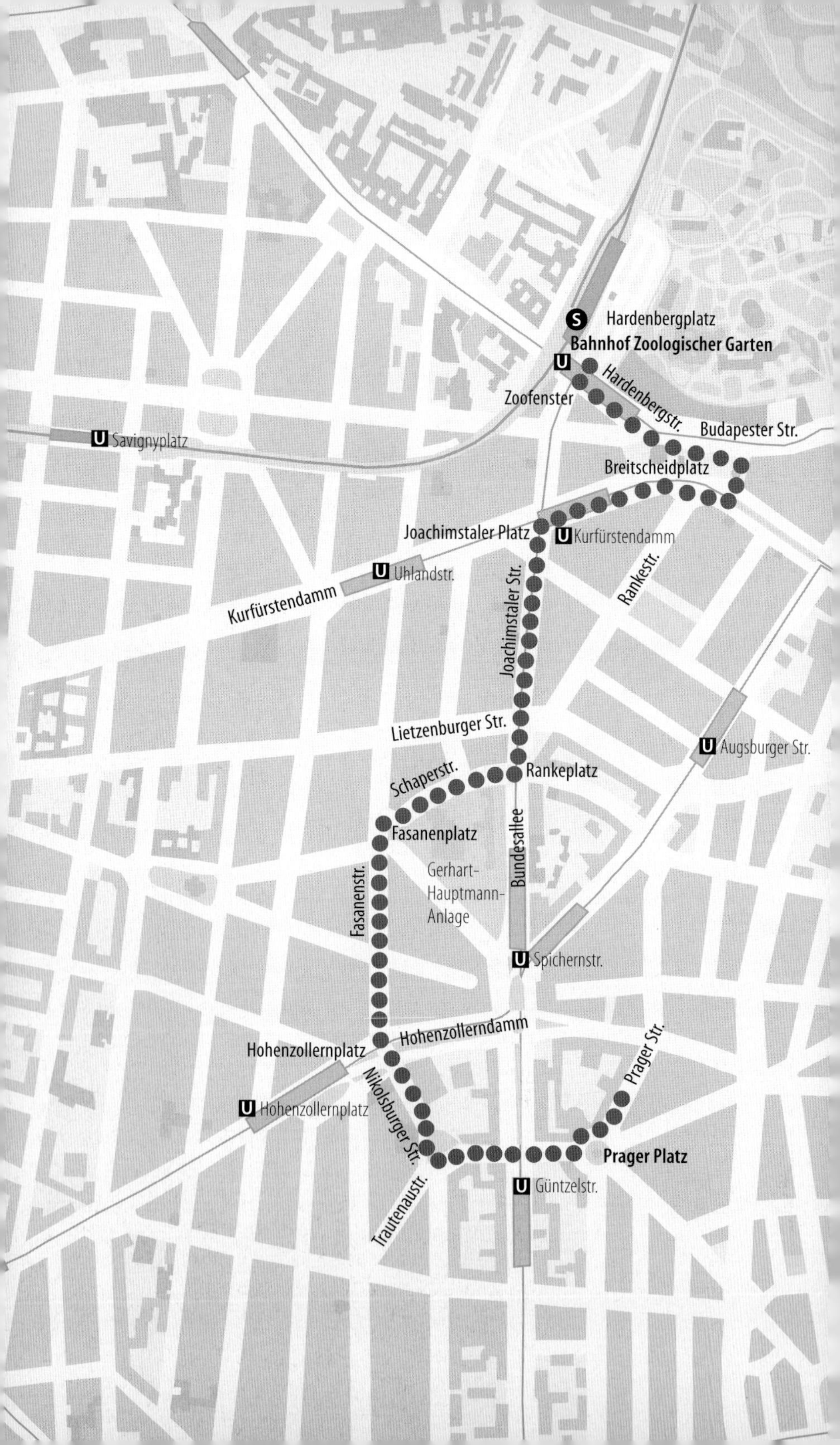

Hardenbergplatz
Bahnhof Zoologischer Garten
Zoofenster
Hardenbergstr.
Budapester Str.
Savignyplatz
Breitscheidplatz
Joachimstaler Platz
Kurfürstendamm
Uhlandstr.
Kurfürstendamm
Rankestr.
Joachimstaler Str.
Lietzenburger Str.
Augsburger Str.
Schaperstr.
Rankeplatz
Fasanenplatz
Gerhart-
Hauptmann-
Anlage
Bundesallee
Fasanenstr.
Spichernstr.
Hohenzollerndamm
Hohenzollernplatz
Prager Str.
Nikolsburger Str.
Hohenzollernplatz
Prager Platz
Güntzelstr.
Trautenaustr.

Kiezspaziergang
auf den Spuren von Kästners Emil
vom Bahnhof Zoo zum Prager Platz

Unser Kiezspaziergang beginnt mitten in der City-West und doch ganz am östlichen Rand Charlottenburgs. Der Zoologische Garten gehört zum Bezirk Mitte (früher Tiergarten), aber die Randbebauung samt Hardenbergplatz und Bahnhof Zoo gehören zu Charlottenburg-Wilmersdorf.

1927 kam Erich Kästner nach Berlin, und das war für ihn die Erfüllung seiner Träume. Der junge Autor hatte seit 1919 in Leipzig neben seinem Studium mit einer journalistischen Karriere angefangen. Nach einem Besuch in Berlin am Neujahrstag 1927 schrieb er seiner Mutter:

Es gruselte mich fast, wieder nach Leipzig zu müssen. Aber was will man machen? – Nun, es wird schon mal klappen mit Berlin. Jedenfalls der einzige Boden in Deutschland, wo was los ist! Paar Tage da drüben machen einen herrlich mobil. Noch im gleichen Jahr gelang ihm der ersehnte Sprung nach Berlin. Er mietete ein Zimmer in der Prager Straße 17, am Prager Platz, wo er bis 1931 lebte.

1928 hatte er mit dem Kinderroman »Emil und die Detektive« seinen ersten großen Erfolg. In einem kleinen Vorwort schreibt er, dass er eigentlich einen Südseeroman schreiben wollte, aber der Oberkellner Nietenführ aus seinem Stammlokal habe ihm klar gemacht, dass man nur über Dinge schreiben kann, die man kennt, und deshalb habe er sich einfach in seiner Umgebung umgesehen.

Erich Kästner stellte in seinem Emil als einer der ersten Kinderbuchautoren die Großstadt positiv dar. Er zeigt die Stadt der vielen Möglichkeiten, die Großstadtkinder mit ihrem Sprachwitz und schnellen Verstand, ihrer ruppigen Herzlichkeit und Hilfsbereitschaft.

Emil, der Junge vom Land, der seine Oma in Berlin besuchen will, wurde unterwegs im Zugabteil bestohlen. Er weiß, dass es nur der Herr mit dem steifen Hut gewesen sein kann, der in seinem Abteil war, während er schlief. Deshalb kann er nicht wie vorgesehen bis zum Bahnhof Friedrichstraße fahren, wo seine Oma am Blumenkiosk wartet, sondern er steigt am Bahnhof Zoo aus, um den Dieb zu verfolgen.

»Der Dieb ging langsam über die Straße, sah noch einmal rückwärts und spazierte ziemlich beruhigt weiter. Dann kam eine Straßenbahn, mit der Nummer 177, von links angefahren und hielt. Der Mann überlegte einen Augenblick, stieg auf den Vorderwagen und setzte sich an einen Fensterplatz.
Emil packte wieder seinen Koffer an, lief geduckt an der Tür vorbei, die Halle entlang, fand eine andere Tür, rannte auf die Straße und erreichte, von hinten her, den Anhängerwagen gerade, als die Bahn losfuhr. Er warf den Koffer hinauf, kletterte nach, schob ihn in eine Ecke, stellte sich davor und atmete auf. So, das war überstanden!«

Wir wollen Emil jetzt zunächst verlassen, denn er fährt mit der Straßenbahn direkt nach Süden durch die Joachimstaler Straße zur damaligen Kaiserallee, der heutigen Bundesallee, während wir einen kleinen Umweg über den Breitscheidplatz machen wollen. Zuvor noch ein paar Bemerkungen zum Bahnhof Zoo.

Start: **Bahnhof Zoologischer Garten**

*Der Bahnhof wurde **1878–82** von Ernst Dircksen gebaut und zunächst für den Stadtbahnverkehr, ab **1884** auch für den Fernverkehr geöffnet. Kurz danach wurde der Ausbau des*

Kurfürstendammes beendet, und schnell wurde der Bahnhof Zoo zu einer Art Hauptbahnhof für die neue City im Berliner Westen.
1934–41 *wurde der Bahnhof durch Fritz Hane völlig neu gestaltet. Nach den Zerstörungen im Zweiten Weltkrieg wurden* ***1954–57*** *die Fernbahnhalle und die niedrigere S-Bahn-Halle verglast und ein terrassenförmiger Restaurantvorbau errichtet. 1985–89 erfolgte eine aufwändige Restaurierung. Während der Teilung der Stadt war Bahnhof Zoo in der Zuständigkeit der Deutschen Reichsbahn lange Zeit der einzige Fernbahnhof und damit wiederum der eigentliche Hauptbahnhof West-Berlins.*
Der Bahnhof Zoo wurde durch das Buch von Christiane F., das später verfilmt wurde, auch zum Synonym für die Schattenseiten der Großstadt, für die Drogen- und Obdachlosenszene, aber auch durch das Musical »Linie 1« des Grips-Theaters zum Symbol für die Sehnsüchte vieler Jugendlicher nach den Freiheiten und Entfaltungsmöglichkeiten der Großstadt.
1994 *fusionierten die Deutsche Reichsbahn und die Deutsche Bundesbahn zur Deutschen Bahn AG, die* ***1995*** *den Servicebetriebs neu ordnete und damit auch den Bahnhof Zoo im Inneren völlig umgestaltete. Gegen den Widerstand von Künstlern und Intellektuellen aus dem Ost- und Westteil der Stadt wurde dabei auch die legendäre Heinrich-Heine-Buchhandlung geschlossen.*

Nach wie vor ist dies der bedeutendste Bahnhof in der westlichen City; hier treffen Fern-, S- und U-Bahn zusammen. Hier verkehren täglich durchschnittlich je 400 an- und abfahrende Züge, 600 S-Bahnen und 120.000 Reisende, in Spitzenzeiten 180.000. Allerdings wird die Bedeutung dieses Bahnhofs wohl geringer werden, wenn der neue Hauptbahnhof Lehrter Bahnhof im Jahr 2006 seinen Betrieb in vollem Umfang aufnehmen wird.

Hardenbergplatz

1887 benannt wie die Hardenbergstraße nach dem preußischen Staatskanzler Karl August, Freiherr, Graf, Fürst von Hardenberg (1750–1822).

Der Platz wurde zur 750-Jahr-Feier Berlins 1987 umgestaltet und mit sogenannten Torhäuschen bebaut, in denen ein BVG-Schalter und Verkaufsstellen untergebracht sind.

Zoofenster

Das sogenannte Zoofenster gegenüber dem Bahnhof ist seit 10 Jahren eine Baulücke und sorgt dafür, dass Berlin-Besucher nicht gerade den besten Eindruck von der Stadt bekommen, wenn sie hier aussteigen. Vor mehr als zehn Jahren wurde hier ein Hochhausbau geplant, ursprünglich nach Plänen des britischen Architekten Richard Rogers, abgelöst von einem Entwurf des Frankfurter Architekten Christoph Mäckler. 1995 wurden die alten Gebäude abgerissen, mit Ausnahme des damaligen Teppich-Kibek-Hauses, wegen dessen Beschädigung es zu gerichtlichen Auseinandersetzungen kam. Der erste Spatenstich folgte 1999, im Sommer 2001 dann der Verkauf an die Kölner Unternehmensgruppe Dr. Ebertz & Partner; vorgesehen war die Nutzung als Luxus-Hotel durch den Hilton-Konzern, im Juli 2002 sprang die Hilton-Gruppe als Betreiber ab. 2004 vereinbarte das Bezirksamt mit der Firma Megaposter, die Baulücke mit Bildwänden zu kaschieren, auf denen bezirkliche Motive zu sehen sind – und Werbung, mit der die »Schönheitsoperation« finanziert wird.

City Light House

Ganz anders dahinter, an der Ecke Kantstraße und Joachimstaler Straße. Hier entstand in gemeinsamer Planung mit dem Bezirksamt das City Light House, ein Büro- und Geschäftshaus von Oliver Collignon und Florian Fischötter mit verglaster Fassade. Der an gleicher Stelle stehende Gründerzeit-Altbau mit dem legendären Sportgeschäft »Ski-Hütte« wurde ab Januar 2002 abgerissen.

Hutmacher Haus / DOB-Hochaus

Das Hochhaus gegenüber dem Bahnhofsgebäude auf der anderen Seite des Hardenbergplatzes entstand 1955–57 nach Plänen der Architekten Paul Schwebes und Hans Schoszberger mit Büro- und Ausstellungsflächen für die Damenoberbekleidungsindustrie (DOB).
Das Haus ist Teil des sogenannten Zentrums am Zoo oder Zoobogens, der den Zoologischen Garten als südliche Randbebauung abschließt. Dazu gehören der Zoo-Palast das Bikini-Haus gegenüber der Gedächtniskirche und ein Parkhaus mit der »Blauen Kugel« , in der die Talkshow von Sabine Christiansen stattfindet.

Wir gehen nun weiter in die Hardenbergstraße hinein entlang der Budapester Straße zum Breitscheidplatz

Hardenbergstraße

Nr. 29a Zoo-Palast

In den 20er Jahren befand sich hier der Ufa-Palast-am Zoo, untergebracht in einem großen Gebäudekomplex, der im Anschluss an die Kaiser-Wilhelm-Gedächtniskirche ebenfalls im romanischen Stil gebaut worden war. In dem großen Komplex befanden sich Ausstellungshallen, Geschäfte, Tanzlokale und vieles mehr. Er wurde im Zweiten Weltkrieg vollständig zerstört.

Anstelle des früheren Ufa-Palastes wurde 1956–57 der Zoo-Palast als Teil des Zentrums am Zoo durch die Architekten Paul Schwebes, Hans Schoszberger und Gerhard Fritzsche als Uraufführungskino mit über 1200 Plätzen für die Berliner Filmfestspiele erbaut. In dem kubischen Bau über einem trapezförmigen Grundriss mit lichtgelber Keramikplattenverkleidung befinden sich zwei versetzt übereinander angeordnete Kinosäle. Das kleine Kino »Atelier am Zoo« hat 550 Plätze. 1994 wurde das Kino durch die amerikanische Betreiberfirma UCI Kinowelt übernommen, renoviert und umgestaltet. Das 50er-Jahre-Flair ging damit verloren, es wurden neun Kinosäle geschaffen, im größten Saal gibt es vor der Vorstellung eine musikalisch untermalte Lasershow. Nach dem Bau großer Multiplexe am Potsdamer Platz und in allen Bezirken wurden einige Kinos in der City-West geschlossen, Marmorhaus, Gloria-Palast, Filmbühne-Wien, Astor, und auch der Zoo-Palast hat viel von seiner Attraktivität eingebüßt, seit die Filmfestspiele an den Potsdamer Platz verlegt wurden.

Budapester Straße

Die Budapester Straße war bis 1925 Teil des Kurfürstendamms. Deshalb fehlen heute die Hausnummern Kurfürstendamm 1 bis 10. 1925 wurde nach dem Tod des Reichspräsidenten Friedrich Ebert die damalige Budapester Straße südlich des Brandenburger Tores in Ebertstraße umbenannt. Um Ungarn nicht zu verstimmen, wurde ein in etwa gleichwertiger Ersatz gesucht und der Teil des Kurfürstendamms zwischen Corneliusbrücke und dem heutigen Breitscheidplatz in Budapester Straße umbenannt.

In den 20er Jahren war hier zwischen Kaiser-Wilhelm-Gedächtniskirche und Zoologischem Garten als moderne Bebauung ein Geschäftshaus von Hans Poelzig mit dem Kino Capitol im Zentrum. Der gesamte Komplex wurde im Zweiten Weltkrieg vollständig zerstört. An seiner Stelle entstand in den 50er Jahren das Zentrum am Zoo mit dem Bikini-Haus entlang der Budapester Straße.

Nr. 46 Gedenktafel

ZENTRUM AM ZOO
1956 – 1957
MIT GEGENWERTSMITTELN DER
VEREINIGTEN STAATEN VON AMERIKA
FÜR DIE
BERLINER BEKLEIDUNGSINDUSTRIE
ERRICHTET

Breitscheidplatz

Benannt 1947 nach dem Reichstagsabgeordneten der SPD und Gegner des Nationalsozialismus, Rudolf Breitscheid, 1892–1947 Auguste-Viktoria-Platz nach der Frau von Kaiser Wilhelm II, der letzten deutschen Kaiserin und Königin von Preußen.

Bronzetafel an der Brüstung des Platzes zur Budapester Straße, enthüllt 1984, zunächst im Pflasterbereich, später an die Brüstung versetzt.

RUDOLF BREITSCHEID
*1874 IN KÖLN †1944 IM KZ BUCHENWALD
1920 – 1933
SOZIALDEMOKRATISCHER REICHSTAGSABGEORDNETER

»DIE GESCHICHTE WIRD EINMAL
EIN VERNICHTENDES URTEIL
NICHT NUR ÜBER DIEJENIGEN
FÄLLEN, DIE UNRECHT GETAN
HABEN, SONDERN AUCH ÜBER
DIE, DIE DEM UNRECHT STILL-
SCHWEIGEND ZUSAHEN.«

Der Platz wurde 1889 angelegt und 1895 nach der Errichtung der Kaiser-Wilhelm-Gedächtniskirche umgebaut. Bei einem neuen Umbau nach dem Krieg 1956–60 wurde der Kreisverkehrs aufgegeben, 1977/78 entstand schließlich durch die Aufhebung der Straßenverbindung zwischen Kurfürstendamm und Budapester Straße, der sogenannten »Schnalle«, ein weitläufiger, zusammenhängender Fußgängerbereich. 1982–84 wurde der Platze wiederum völlig umgestaltet durch Ivan Krusnik und Oskar Reith und mit dem Weltkugel-

brunnen aus rotem Granit mit Bronzefiguren von Joachim Schmettau geschmückt, dem sogenannten »Wasserklops«. Eine weitere Umgestaltung des Platzes hat nun begonnen. Der Autotunnel ist seit Mai 2005 geschlossen und wird zugeschüttet, um eine einheitliche Fläche schaffen zu können.

Die Hochbeete sollen entfernt werden, in den Boden soll eine Bänderbeleuchtung eingebaut werden und die Ladenzeile für Fußgänger besser erreichbar werden.

Kaiser-Wilhelm-Gedächtniskirche

In der Platzmitte befindet sich die als Mahnmal gegen den Krieg gesicherte Turmruine der Kaiser-Wilhelm-Gedächtniskirche, daneben errichtete Egon Eiermanns von 1959 bis 1963 die Neubauten.

Ursprünglich war die Kirche für den Wittenbergplatz geplant. Sie wurde 1891–1895 auf dem damaligen Auguste-Viktoria-Platz zu Ehren Kaiser Wilhelms I. als spätromanische Zentralanlage in Form eines lateinischen Kreuzes von dem Architekten Franz Schwechten erbaut. Kaiser Wilhelm II nahm persönlich großen Einfluss auf den Bau und gestaltete die Einweihung am Sedanstag, dem 1. September 1895 als bombastischer militärisches Zeremoniell. Der Kirchenbau erinnerte an eine Kaiserpfalz und diente weniger einem religiösen Bedürfnis als kaiserlich-staatlicher Repräsentation. Von den Berlinern wurde sie bald nach dem Bau des Kaufhauses des Westens 1907 respektlos als »Taufhaus des Westens« tituliert.

Die Kirche wurde im Krieg schwer beschädigt. Zunächst war der Abriss geplant, aber gegen den vehementen Protest der Berlinerinnen und Berliner wurde die Ruine nach einem Teilabriss gesichert und als Mahnmal erhalten. 1959–1963 Neubauten von Egon Eiermann: Ein sechseckiger Turm mit Trauungs- und Taufkapelle, der Hauptbau in Form eines Oktogons, in dem sich eine Gedenkstätte für die Opfer des Nationalsozialismus befindet. Die Außenverkleidung besteht

aus wabenförmigen Betonplatten und blauen Glasflächen, die von Gabriel Loire aus Chartres gestaltet wurden.
Seit 1987 dient die Eingangshalle der alten Kirche mit Resten der reichen Mosaikarbeiten als Gedenkhalle; hier wurden das Nagelkreuz der Kathedrale von Coventry, ein Ikonenkreuz der Russisch-Orthodoxen Kirche und die beschädigte Christusfigur vom Altar der alten Kirche aufgestellt. An der östlichen Außenwand des alten Turmes stehen seit 1988 vier Sandsteinskulpturen von Stefan Kaehne.

Die Kirche war ursprünglich Teil eines romanischen Forums, das heißt, rings um den Platz durfte nach kaiserlicher Anordnung nur im romanischen Stil gebaut werden. So entstanden zwei Romanische Häuser: Westlich der Kirche das erste Romanische Haus, in dem 1926 der Gloria-Palast eröffnet wurde, und östlich der Kirche am Tauentzien das Zweite Romanische Haus, in dem nach dem Ersten Weltkrieg das Romanische Café zum legendären Treffpunkt der Künstler, Schriftsteller und Filmemacher wurde. Das einzig übrig gebliebene Haus aus dieser romanischen Bebauung ist das »Kaisereck« südlich der Kirche am Kurfürstendamm 237, Ecke Rankestraße. Es wurde 1913–15 von Emil Schaudt gebaut, inzwischen nicht mehr ganz so mittelalterlich wie die anderen Bauten, die allesamt dem Zweiten Weltkrieg zum Opfer fielen.

Der Platz des Ersten Romanischen Hauses blieb unbebaut, an der Stelle des zweiten entstand das

Europa-Center

Es wurde 1963–65 von Helmut Hentrich und Hubert Petschnigg unter künstlerischer und städtebaulicher Beratung von Werner Düttmann und Egon Eiermann als erstes richtiges

Hochhaus der Stadt erbaut, ein 22geschossiges Hauptgebäude mit vorgelagertem drei- bis fünfgeschossigem Sockelbau. 1974 wurde die integrierte Eisbahn entfernt und die ursprünglich offenen Innenhöfe überdacht. Hier befindet sich heute ein terrassenförmig über einem Wasserspiel angelegtes Café. 1982 erfolgte der erneute Umbau und die Installation der Wasser- »Uhr der fließenden Zeit« des Pariser Physikers Bernard Gitton. Im Haus befinden sich Geschäfte, Restaurants, sowie die Kinos des Royal-Palastes, im Keller befindet sich das Kabarett »Die Stachelschweine«, auf dem Dach ein 14 m hoher drehbarer Mercedesstern, an der Außenseite seit 1987 eine Licht-Stele von Heinz Mack.

Wir begeben uns nun auf dem hier beginnenden Kurfürstendamm zurück in Richtung Joachimtaler Platz. Dabei können wir uns bei einem kurzen Abstecher in die Rankestraße eine weitere Gedenktafel anschauen.

Rankestraße 35 Gedenktafel

Hermine Heusler-Edenhuizen,
enthüllt am 30.11.2002

In diesem Hause lebte und praktizierte von 1911 bis 1937
Hermine Heusler-Edenhuizen
16.3.1872 – 26.11.1955
Erste niedergelassene Fachärztin in Deutschland
für Frauenkrankheiten und Geburtshilfe
Gründungsvorsitzende des »Bundes deutscher Ärztinnen«
Mitunterzeichnerin der Reichstagseingabe gegen den Paragraphen 218
Ihr mutiges und soziales Engagement prägte maßgeblich
das Berufsbild der Ärztin

Über ihre Anfänge als selbständige Ärztin in diesem Haus hat sie geschrieben:

»Eine der ersten Privatpatientinnen in Berlin war eine etwa vierzigjährige Frau, die sich zehn Jahre lang mit einem quälenden Leiden herumgeschleppt hatte, weil sie sich genierte, zu einem männlichen Arzt zu gehen. Sie kam auf mein erstes Zeitungsinserat hin zu mir und konnte in kurzen drei Wochen geheilt werden. Dieser Fall beglückte mich als Beweis für die Notwendigkeit von Fachärztinnen.«

Kurfürstendamm

Nr. 14/15 Gedenktafel

Joseph Roth / Mampes Gute Stube

> Hier befand sich von 1917 bis 1986
> MAMPES GUTE STUBE
> Lieblingslokal des Schriftstellers
> JOSEPH ROTH
> 2.9.1894-27.5.1939
> der hier im Jahre 1932 seinen Roman
> Radetzkymarsch schrieb

Nr. 236 Ehemaliges Kino Marmorhaus

1912–13 unter der künstlerischen Bauleitung von Hugó Pál erbaut; Fassade mit weißem schlesischem Marmor verkleidet, hohes Walmdach. Stilistisch der beginnenden Moderne zuzuordnen, im Inneren Anklänge an den Expressionismus. Das Marmorhaus war neben der Filmbühne Wien eines der ältesten Kinos Berlins. Den Zweiten Weltkrieg hat das Gebäude weitgehend unbeschadet überstanden. Noch am 22. Januar 1945 fand hier eine Premiere statt: »Solistin Anna«. 1974 wurden Schachtelkinos eingerichtet, die bei einer aufwendigen Sanierung 1997 wieder entfernt wurden. 2001 wurde das zur UFA gehörende Traditionskino überraschend geschlossen.

Nr. 230–233 Kaufhaus Wertheim

Die berühmten Bauten des Kaufhauses Wertheim in der Oranienburger und der Leipziger Straße, Ende des 19. Jahrhunderts von Alfred Messel erbaut, wurden im Zweiten Weltkrieg zerstört. Neubauten entstanden an der Steglitzer Schloßstraße und hier am Kurfürstendamm an Stelle der im Krieg beschädigten ursprünglichen Häuser, die in den 60er Jahren abgerissen wurden. Werner Düttmann und Hans Soll bauten 1971 in starkem Kontrast zur bestehenden Bebauung diesen großen Komplex, der eigentlich nicht zur Kurfürsendammarchitektur passte. 1983 wurde die Fassade mit vorgesetztem, fünfteiligem Bogenfenster modernisiert. 1991 wurde ein verglastes Geschoss durch Bassenge, Puhan-Schulz, Heinrich und Schreiber aufgesetzt.

Joachimstaler Platz

Hier treffen wir wieder auf die Strecke, die Emil mit der Straßenbahn Linie 177 gefahren ist. Er verfolgt den Herrn mit dem steifen Hut, der sein Geld gestohlen hat, aber er hat auch ein Auge für die faszinierende Atmosphäre der Stadt:

»Diese Autos! Sie drängten sich hastig an der Straßenbahn vorbei; hupten, quiekten, streckten rote Zeiger links und rechts heraus, bogen um die Ecke;

andere Autos schoben sich nach. So ein Krach! Und die vielen Menschen auf den Fußsteigen! Und von allen Seiten Straßenbahnen, Fuhrwerke, zweistöckige Autobusse! Zeitungsverkäufer an allen Ecken. Wunderbare Schaufenster mit Blumen, Früchten, Büchern, goldenen Uhren, Kleidern und seidener Wäsche. Und hohe, hohe Häuser.
Das war also Berlin.«

Der Joachimstaler Platz erhielt 1936 seinen Namen, die Joachimstaler Straße bereits 1887. Beide sind benannt nach dem Joachimsthalschen Gymnasium, das wir gleich erreichen werden. Wann und weshalb hier das h aus dem Namen Joachimsthal verschwunden ist, wissen wir nicht.

Der Platz in seiner jetzigen Form mit Verkehrskanzel, Telefonzellen, Kiosk und U-Bahn-Zugang geht auf die Anlage aus den Jahren 1953–1955 von Werner Klenke, Werner Düttmann, Bruno Grimmek zurück. Die Verkehrskanzel sollte an die berühmte Ampel am Potsdamer Platz von 1925 erinnern, sie verlor wegen der starken Verkehrszunahme bereits in den 60er Jahren ihre Funktion. Im Jahr 2002 wurde der Platz nach einem Wettbewerb nach den Plänen des Zürcher Landschaftsarchitekten Guido Hager neugestaltet.

Kudamm-Eck

An dieser Stelle befand sich in den 20er Jahren das berühmte Wäschehaus Grünfeld, eine moderne Filiale des Stammhauses in der Leipziger Straße. Die jüdischen Eigentümer mussten ihr Haus im Zuge der so genannten Arisierung 1938 einem nichtjüdischen Deutschen verkaufen: Max Kühl führte das Haus weiter. Es wurde im Krieg stark zerstört, die Ruine in den 60er Jahren abgerissen. Der 1969–1972 von Senatsbaudirektor Werner Düttmann bereits unter

der Bezeichnung Kudamm-Eck errichteten Komplex wurde 1998 abgerissen und durch den neuen Bau von Gerkan, Mark und Partner (gmp), Hamburg, ersetzt. Entstanden ist ein 10-geschossiges, 45 m hohes Geschäftshaus mit runden Baukörper, einer 70 m^2 großen elektronischen Werbewand an der Fassade zur Joachimstaler Straße und dem Skulpturenensemble »Das Urteil des Paris« von Markus Lüpertz.
– Eingezogen sind als Mieter C&A und ein Hotel.

Neues Kranzler-Eck

1932 wurde das Café Kranzler als Filiale des berühmten Café Kranzler Unter den Linden/Ecke Friedrichstraße eröffnet. An der gleichen Stelle befand sich übrigens vor dem Ersten Weltkrieg das ebenfalls berühmte und legendäre Café des Westens, das von seinen Feinden und Freunden liebevoll »Café Größenwahn« genannt wurde. Das Café Kranzler wurde im Krieg stark zerstört. Der Neubau von Hanns Dustmann 1957/58 prägte die Ecke als markanter flacher Bau mit Rotunde und rot-weiß gestreifter Markise. Nach der Wiedereröffnung 1958 wurde die Kranzlerecke zum Wahrzeichen der City West und West-Berlins insgesamt.

Nach dem Neubau wurde das Café Kranzler am 27.12.2000 wieder eröffnet, allerdings ausschließlich im Bereich der Rotunde tagsüber als Café, abends als Bar.

Das Quartier Neues Kranzler-Eck wurde 1998–2000 von Helmut Jahn, dem bekannten Architekten aus Chicago, auf dem 20.000 qm großen sogenannten Victoria-Areal gebaut. Dazu gehört nicht nur das neue 16geschossige, 60 m hohe verglaste Hochhaus, sondern auch das Café Kranzler, der Altbaus der Viktoria-Versicherung, die zweigeschossigen Ladenzeile an der Joachimstaler Straße und das ehemalige »bilka«-Kaufhaus, in dem heute Karstadt-Sport residiert, außerdem die Passage von der Kantstraße zum Kurfürstendamm. Im Zentrum des Quartiers sind zwei 22 m hohe kegelförmige Volieren mit mehr als 100 Sittichen, Fasanen, Enten. Blickfang ist die spitz zulaufende, weit in den Straßenraum des Kurfürstendamms ragende 54 m hohe Kante mit der Lichtinstallation »Lichtburg« von Yann Kersalé.

Wir gehen nun in die vom Joachimstaler Platz abgehende Joachimstaler Straße hinein.

Joachimstaler Straße

Nr. 33–34 Ehem. C&A

1967 war an der Ecke Joachimstaler Straße und Augsburger Straße das Bekleidungshaus C&A eröffnet worden. Die Polizei musste damals die Massen abhalten, die das neue Kaufhaus stürmen wollten. Jetzt ist C&A aus der zweiten Reihe nach vorne an den Kurfürstendamm gerückt. Hier entsteht ein Hotel- und Geschäftshaus von Jan Kleihues. Auch das Berliner Panoptikum soll hier einziehen.

Nr. 10–12 Allianz-Hochhaus

1955 gebaut
Eine Gedenktafel erinnert an tschechische Zwangsarbeiter

ACHTZEHN TSCHECHISCHE JUGENDLICHE
STARBEN HIER
AM 23. NOVEMBER 1943 BEI EINEM LUFTANGRIFF.
ALS ZWANGSARBEITER WAREN SIE BEI DER
TECHNISCHEN NOTHILFE IN BERLIN EINGESETZT,
UM BOMBENSCHÄDEN ZU BESEITIGEN.

Die Gedenktafel wurde initiiert von der Berliner Geschichtswerkstatt. Insgesamt waren bei der Technischen Nothilfe etwa 16.000 Zwangsarbeiterinnen und Zwangsarbeiter aus den besetzten Ländern eingesetzt.

Nr. 13 Synagoge, Jüdische Gemeinde, Buchhandlung

Dieses Haus wurde 1902 für eine Loge erbaut. Hier gründete 1935 der Bildungsverein der Jüdischen Reformgemeinde in einem Quergebäude die Joseph-Lehmann-Schule, um jüdischen Kindern Schulunterricht geben zu können, die aus den allgemeinen Schulen in Deutschland ausgeschlossen worden waren. In der Turnhalle befindet sich heute die unter Denkmalschutz stehende orthodoxe Synagoge der Jüdischen Gemeinde für 300 Personen.

Nr. 20 ÖTV-Haus

Eine Gedenktafel erinnert an Friedrich Ebert

IN DIESEM HAUSE STARB AM
28. FEBRUAR 1925
FRIEDRICH EBERT
DER ERSTE REICHSPRÄSIDENT
DER DEUTSCHEN REPUBLIK

Das Haus steht zur Zeit leer. Die ÖTV ist vor 13 Jahren an den Engeldamm in Mitte umgezogen, das Haus hat sie verkauft. Jetziger Eigentümer ist die in Hamburg ansässige Immobilien Service GmbH.

Hinter dem Rankeplatz treffen wir auf die Bundesallee

Bundesallee

Die Bundesallee erhielt ihren Namen mit der Eröffnung des Bundeshauses am 18. Juli 1950. Emil hatte sie noch als Kaiserallee kennen gelernt. Er saß immer noch in der Straßenbahnlinie 177 …

»Und die Straßenbahn fuhr. Und sie hielt. Und sie fuhr weiter. Emil las den Namen der schönen breiten Straße. Kaiserallee hieß sie. Er fuhr und wußte nicht, wohin. Im anderen Wagen saß ein Dieb. Und vielleicht saßen und standen noch andere Diebe in der Bahn. Niemand kümmerte sich um ihn. Ein fremder Herr hatte ihm zwar einen Fahrschein geschenkt. Doch nun las er schon wieder Zeitung.
Die Stadt war so groß. Und Emil war so klein. Und kein Mensch wollte wissen, warum er kein Geld hatte, und warum er nicht wußte, wo er aussteigen sollte. Vier Millionen Menschen lebten in Berlin, und keiner interessierte sich für Emil Tischbein. Niemand will von den Sorgen des andern etwas wissen. Jeder hat mit seinen eigenen Sorgen und Freuden genug zu tun. Und wenn man sagt: Das tut mir aber wirklich leid, so meint man meistens gar nichts weiter als: ›Mensch laß mich bloß in Ruhe!‹«

Nr. 1–12 Ehem. Joachimsthalsches Gymnasium

Das klassizistische Gebäude im Stil der italienischen Hochrenaissance wurde 1875–80 von Ludwig Giersberg und Heinrich Strack für das bereits 1607 in Joachimsthal gegründete Gymnasium gebaut. Es war bald nach Berlin gezogen und zu einer der berühmtesten Elite-Schulen in Deutschland geworden. Das Haus gilt als spätes Beispiel der Schinkel-Schule. Am Mittelrisalit stehen in zwei Nischen die Statuen von Plato und Aristoteles des Grunewalder Bildhauers Max Klein. Im Vestibül ein Flötenspieler aus Bronze von

Constantin Starck. Das Joachimsthalsche Gymnasium war eine bedeutende Internatsschule. Sie belegte das gesamte Gelände hinter dem Hauptgebäude bis zum Fasanenplatz mit Häusern für die Schüler und Lehrer, Sportplätzen, Turn- und Schwimmhallen usw …

Das Joachimsthalsche Gymnasium zog schon 1912 wieder aus, bis 1919 befand sich hier das Joachim-Friedrich-Gymnasium. Das Gebäude wurde seit 1920 vom Bezirksamt Wilmersdorf als »Stadthaus« genutzt. Im Zweiten Weltkrieg schwer beschädigt, wurde es 1955 wiederhergestellt, und diente in der Folge unterschiedlichen Zwecken, darunter als Stern'sches Konservatorium und Musikinstrumentenmuseum. Heute befinden sich hier Bereiche der Universität der Künste und die Musik- und Stadtteil-Bibliothek Bundesallee. 1995 wurde die Aula zum Konzertsaal für den Fachbereich Musik der Universität der Künste umgebaut.

Eine **Gedenktafel** erinnert an ehemalige Schüler

Wir gedenken unserer Kommilitonen
am Königlichen Joachimsthalschen Gymnasium zu Berlin
Generalleutnant Paul von Hase
Regierungspräsident a.D. Ernst von Harnack
Staatssekretär a.D. Erwin Planck
die in christlicher Verantwortung und humanistischer Tradition
Recht und Menschenwürde gegen die Tyrannei
des NS-Staates verteidigten
und ihren Widerstand gegen Unrecht und Barbarei
vor fünfzig Jahren mit dem Leben bezahlten.
Ihr Opfer öffnete Deutschland den Weg in eine bessere Zukunft
und ist uns bleibende Verpflichtung.
Im April 1995 – Die Vereinigung Alter Joachimsthaler e.V.

Nr. 216–218 Bundeshaus

Das Haus wurde 1893–95 als Verwaltungsgebäude für die Königlich Preußische Artillerie-Prüfungs-Kommission an der früheren Kaiserallee errichtet von Bernhardt & Wieczorek. 1950–90 fungierte es unter der Bezeichnung Bundeshaus als Sitz des Bevollmächtigten der Bundesregierung in Berlin; bis zum Umzug des Ministerium des Inneren von Bonn nach Berlin befand sich hier außerdem eine Abteilung der Berliner Außenstelle des Ministeriums. Die Immobilie gehört zum Ressortvermögen des Innenministeriums und wird von diversen Bundeseinrichtungen genutzt, u.a. dem Bundesverwaltungsamt.

Gedenktafel **Hoepner/Tresckow**

In diesem Gebäude,
1895 für die ehemalige Königlich-Preußische
Artillerie-Prüfungskommission erbaut,
arbeiteten während des 2. Weltkrieges
die Offiziere des Widerstandes:
Generaloberst ERICH HOEPNER
14.9.1886 – 8.8.1944
Generalmajor HENNING VON TRESCKOW
10.1.1901 – 21.7.1944

Gerhart-Hauptmann-Anlage

Kleine Parkanlage auf dem ehemaligen weitläufigen Gelände des Joachimthalschen Gymnasiums. 1966 wurde das Gerhart-Hauptmann-Denkmal enthüllt, eine Granitstele mit einer Bronzebüste Hauptmanns von Fritz Klimsch.

Gedenktafel **Meierotto**

Johann H.L. Meierotto
Erster Direktor
des Joachimsthalschen Gymnasiums
* 1742 † 1800

Gefallenendenkmal

Das stelenartige, 4 m hohe Denkmal für die Gefallenen des XXII. Reservekorps im I. Weltkrieg wurde 1924 von Eberhard Encke aus Muschelkalk geschaffen. Die abschließende Kugel trug ursprünglich eine Schwurhand.

Wir gehen nun ein kurzes Stück auf der Bundesalle zurück und biegen am Rankeplatz links in die Scharperstraße ein.

Schaperstraße

1888 benannt nach dem Pädagogen Karl Schaper, 1872–1886 Direktor des Joachimsthalschen Gymnasiums

Nr. 24 Haus der Berliner Festspiele (ehem. Freie Volksbühne)

1960-63 von Fritz Bornemann auf dem Gelände des früheren Joachimsthalschen Gymnasiums errichtet. Ungewöhnlich für einen Theaterbau ist der Standort inmitten eines parkähnlichen Geländes, dem sich das Haus mit großen Glasflächen öffnet. Das Theater wurde am 1. Mai 1963 mit Romain Rollands »Robespierre« in der Regie von Erwin Piscator eröffnet. Piscator war Intendant bis 1966. Seine Nachfolger waren Kurt Hübner und Hans Neuenfels. 1992 wurde das Theater geschlossen, 1993–1997 bespielt als Musical Theater Berlin. Im Dezember 2000 zog die Berliner Festspiele GmbH ein. Das Haus ist Hauptspielstätte für das Theatertreffen Berlin.

Bar jeder Vernunft

Eine der prominentesten und erfolgreichsten Kleinkunstbühnen Berlins: Varieté, Kabarett, Chansons und Ähnliches. Sie spielt seit 1992 im Spiegelzelt auf dem Parkdeck. Die künstlerischen Leiter Holger Klotzbach und Lutz Deisinger haben für größere Ereignisse am ehemaligen Standort des Tempodrom eine zweite Spielstätte, das Tipi eröffnet.

Das Original-Jugendstil-Spiegelzelt, von dem weltweit nur noch acht Stück existieren, wurde 1912 als sogenannter »Danse Paleis« von einer holländischen Firma erbaut. Ursprünglich diente es als saisonales Ball- und Tanzzelt in den

mondänen Seebädern Flanderns und der Niederlande. 1920 konnte man es sogar auf der Weltausstellung in Antwerpen bewundern. Durch Zufall entdeckte es der Schweizer Produzent Ueli Hirzl Anfang der 80er Jahre in Holland bei einem Pommes Frites-Fabrikanten, der es als Lagerraum für Kartoffeln nutzte. Ueli Hirzl erwarb es für seine Eigenproduktionen, um es dann 1992 an seinen langjährigen Freund und Bar-jeder-Vernunft-Begründer Holger Klotzbach zuerst zu verpachten, dann zu verkaufen.

Nach einer kurzen Strecke auf der Scharperstraße erreichen wir den Fasanenplatz.

Fasanenplatz

1870 von Johann Anton Wilhelm von Carstenn-Lichterfelde als nordwestlicher Eckpunkt einer regelmäßigen städtebau-

lichen Figur, der nach ihm benannten Carstenn-Figur, geplant. Durch verkehrsberuhigende Maßnahmen in den 80er Jahren erhielt der Fasanenplatz einen intimen Charakter mit hohem Aufenthaltswert. Es gibt keinen durchgängigen Kreisverkehr mehr.
Die Wasserstele von Rolf Lieberknecht wurde 1989 aufgestellt.
Bei dem heute als Kita genutzten Klinkerhaus handelt es sich um ein ehemaliges Lehrerhaus des Joachimsthalschen Gymnasiums

Fasanenstraße

Nr. 61 Gedenktafel **Heinrich Mann**

Hier lebte von 1932 bis 1933
HEINRICH MANN
27.3.1871 – 12.3.1950
Schriftsteller und Essayist,
kämpfte gegen Nationalsozialismus,
Militarismus und Obrigkeitsdenken
(»Der Untertan«).
1931 bis 1933 Präsident der Sektion Dichtkunst
der Preußischen Akademie der Künste.

Nr. 58 Gedenktafel **Rudolf Breitscheid**

Hier lebte von 1904 bis 1932
RUDOLF BREITSCHEID
2.11.1874 – 24.8.1944
SPD-Politiker, Reichstagsabgeordneter
und preußischer Innenminister
Er wurde 1940 von der Vichy-Regierung in Frankreich
an die Gestapo ausgeliefert
und kam bei einem Luftangriff
im KZ Buchenwald um

*Am Ende der Fasanenstraße
stoßen wir auf den Hohenzollernplatz*

Hohenzollernplatz

Der Hohenzollernplatz wurde 1910 als angerähnlicher Platz mit sieben Straßeneinmündungen angelegt, mit Springbrunnen im Mittelfeld, Pyramideneichen an der Ostseite. Nach Kriegsschäden wurde der Platz 1950 wieder hergestellt, 1968 nach einer Änderung der Verkehrsführung mit einem begrünten Mittelstreifen zwischen den Fahrbahnen des Hohenzollerndammes und einem abgetrennten Parkteil durch Karl Schmid gärtnerisch grundlegend neu gestaltet. Der Delphinbrunnen von Hans Bautz wurde 1968 im Mittelfeld aufgestellt.

Die U-Bahnstation von 1912 ist ein Baudenkmal.

Mittwochs und Samstags findet auf dem Hohenzollernplatz ein Wochenmarkt statt …

Kirche am Hohenzollernplatz

Die Kirche am Hohenzollernplatz ist eine der prachtvollsten Kirchen des norddeutschen Backsteinexpressionismus. Sie wurde 1930–33 von Fritz Höger, dem Architekten des Chilehauses in Hamburg, als dreischiffige Langhausbasilika erbaut. Entstanden ist ein roter Klinkerbau mit grünem Kupferdach. Umgangssprachlich wird das selbst heute noch futuristisch anmutende Gebäude auch als »Kraftwerk Gottes« bezeichnet. Nach Kriegsschäden gab es einen vereinfachten Wiederaufbau, 1990/91 einen Umbau durch Gerhard Schlotter mit neuen Seitenfenstern von Achim Freyer.

Wir überqueren nun den Hohenzollernplatz und gehen geradezu in die Nikolsburger Straße hinein

Nikolsburger Straße

Benannt 1892 nach der tschechischen Stadt Nikolsburg.

Nikolsburger Platz

Der Platz wurde 1870 von Johann Anton Wilhelm von Carstenn-Lichterfelde geplant. Es war einer von vier Plätzen, die mit der damaligen Kaiserallee als Spiegelachse eine regelmäßige städtebauliche Figur bilden, die Carstenn-Figur. Spiegelbildlich zum Nikolsburger Platz liegt auf der anderen Seite der Bundesallee der Prager Platz. Entsprechend verhält es sich im Norden mit Fasanenplatz und Nürnberger Platz.

Vor einigen Jahren wurden die Hochbeete aus den 60er Jahren beseitigt und der Platz wieder entsprechend dem historischen Vorbild angelegt.

Bereits 1988 wurde der im Zweiten Weltkrieg eingeschmolzene Gänselieselbrunnen von 1910 von Harald Haacke nachgestaltet und dem Bezirk von einem Bankinstitut geschenkt. An der westlichen Platzseite befindet sich der dominierende Neorenaissancebau der Cäcilien-Grundschule. Diese wurde

1909/10 von Otto Herrnring im Stil der beginnenden Moderne mit Elementen der deutschen Renaissance erbaut. Ein verputzter Mauerwerkbau wird aufgelockert durch gliedernde und schmückende Teile in rotem Sandstein. Die Fassade ist nahezu symmetrisch. An der nördlichen Außenwand befindet sich, fast versteckt, der Fischotterbrunnen von Albert Wille aus dem Jahr 1910. Die Schule wurde inzwischen mit der Hanns-Fechner-Grundschule zu einer Ganztagsschule zusammengelegt.

Wir begeben uns auf die Trautenaustraße in Richtung Bundesallee, die wir nun erneut überqueren um wenig später den Endpunkt des Kiezspazierganges, den Prager Platz zu erreichen.

Trautenaustraße

1908 benannt nach der tschechischen Stadt Trautenau.

Nr. 5 Paul-Löbe-Haus der Volkshochschule

Ecke Bundesallee Jean-Monnet-Haus

Das Haus wurde 1988 nach dem großen Förderer der Europäischen Einigung benannt und als Seminar- und Tagungszentrum eingerichtet, getragen von der Deutschen Gesellschaft, ein Verein zur Förderung politischer, sozialer und kultureller Beziehungen in Europa. Ziel ist die Förderung der persönlichen Begegnung und des Kennenlernens der Menschen in Deutschland und Europa. Die Förderung des Verständnisses regionaler, nationaler und internationaler Probleme, sowie der Abbau von Vorurteilen. Hierzu dienen Foren, Gesprächskreise, Seminare, Studienreisen. Das Haus führt jährlich ca. 200 Veranstaltungen durch.

Hier begegnen wir Emil wieder, der endlich die Straßenbahn verlässt:

»In der Trautenaustraße, Ecke Kaiserallee, verließ der Mann im steifen Hut die Straßenbahn. Emil sah's, nahm Koffer und Blumenstrauß ... und kletterte vom Wagen.

Der Dieb ging am Vorderwagen vorbei, überquerte die Gleise und steuerte nach der anderen Seite der Straße. Dann fuhr die Bahn weiter, gab den Blick frei, und Emil bemerkte, daß der Mann zunächst unschlüssig stehenblieb und dann die Stufen zu einer Cafe-Terrasse hinaufschritt.

Jetzt hieß es wieder einmal vorsichtig sein. Wie ein Detektiv, der Flöhe fängt. Emil orientierte sich flink, entdeckte an der Ecke einen Zeitungskiosk und lief, so rasch er konnte, dahinter. Das Versteck war ausgezeichnet. Es lag zwischen Kiosk und einer Litfaßsäule. Der Junge stellte sein Gepäck hin, nahm die Mütze ab und witterte.

Der Mann hatte sich auf die Terrasse gesetzt, dicht ans Geländer, rauchte eine Zigarette und schien seelenvergnügt. Emil fand es abscheulich, daß ein Dieb überhaupt vergnügt sein kann und daß der Gestohlene betrübt sein muß, und wußte sich keinen Rat.

Was hatte es denn im Grunde für einen Sinn, daß er sich hinter einem Zeitungskiosk verbarg, als wäre er selber der Dieb und nicht der andere? Was hatte es für einen Zweck, daß er wußte, der Mann säße im Cafe Josty an der Kaiserallee, tränke helles Bier und rauchte Zigaretten? Wenn der Kerl jetzt aufstand, konnte die Rennerei weitergehen. Blieb er aber, dann konnte Emil hinter dem Kiosk stehen, bis er einen langen grauen Bart kriegte. Es fehlte wirklich nur noch, daß ein Schupomann angerückt kam und sagte: Mein Sohn, du machst dich verdächtig. Los, folge mir mal unauffällig. Sonst muß ich dir leider Handschellen anlegen.

Plötzlich hupte es dicht hinter Emil! Er sprang erschrocken zu Seite, fuhr herum und sah einen Jungen stehen, der ihn auslachte.

›Na Mensch, fall nur nicht gleich vom Stühlchen‹, sagte der Junge.

›Wer hat denn eben hinter mir gehupt?‹ fragte Emil. ›Na Mensch, ich natürlich. Du bist wohl nicht aus Wilmersdorf, wie? Sonst wüßtest du längst, daß ich 'ne Hupe in der Hosentasche habe. Ich bin hier nämlich bekannt wie 'ne Mißgeburt.‹«

Klar, dass die beiden sich anfreunden, eine Menge Wilmersdorfer Kinder zur Verstärkung holen, am Nikolsburger Platz erst mal einen Schlachtplan entwerfen, den Dieb dann über den Prager Platz und die Motzstraße bis zu seinem Hotel am Nollendorfplatz verfolgen, dort die Nacht über bewachen und schließlich anderntags auf dem Weg zur Bank stellen.

Prager Platz

1888 benannt, zuvor Halberstädter Platz.

1986 wurde der Platz in dieser Form entsprechend seiner historischen Struktur neu gestaltet. Die ursprüngliche Bebauung rund um den Platz wurde nach schweren Kriegsschäden bis auf ein Haus (Prager Platz 6) abgerissen. 1987 begannen mit der Internationalen Bauausstellung die Pläne zur Neubebauung.
Im Juni 2002 wurde die »Prager Passage« mit siebzehn Gewerbeeinheiten und einem Fitnessclub fertig gestellt. Damit ist die letzte Lücke am Platz geschlossen.
Die neuen Gebäude am Prager Platz zeigen das traditionelle architektonische Stilmittel der Eckbekrönung zur Betonung der Kopfbauten an den Straßeneinmündungen.
Der Prager Platz war in den 20er Jahren ein kulturelles Zentrum im Berliner Westen; gelegen in dem zu Wilmersdorf und Schöneberg gehörenden Bayerischem Viertel – einem

Viertel mit hoher Lebensqualität, der sogenannten »Jüdischen Schweiz« –, lebten hier viele jüdische Bürger, Künstler und Intellektuelle.
Der Bezirk Charlottenburg-Wilmersdorf veranstaltet hier alljährlich das traditionelle »Fest der Nationen«.

Ein kurzer Abstecher führt uns zu den letzten Gedenktafel n des Spazierganges in die Prager Straße

Prager Straße 10

Heute befindet sich hier eine Kita in einem Neubau. An der rechten Ecke des Vorderhauses ist eine **Gedenktafel** für Erich Kästner angebracht.

> In dem Haus, das früher hier stand,
> lebte von 1927 bis 1931
> ERICH KÄSTNER
> 23.2.1899 – 29.7.1974
> Journalist und Schriftsteller, Kinderbuchautor.
> Beschreibt in »Emil und die Detektive« (1928)
> seine Wohngegend am Prager Platz.
> 1933 wurden seine Bücher
> von den Nationalsozialisten verbrannt.

Auf dem Gehweg vor dem Haus ist seit dem 20.04.2004 eine Edelstahltafel angebracht.

An diesem Ort im ehemaligen Restaurant Mykonos
wurden am 17. September 1992
die führenden Vertreter
der Demokratischen Partei Kurdistan-Iran
DPKI
Dr. Sadegh Sharafkandi
Fattah Abdoli
Homayoun Ardalan
Zusammen mit dem in Berlin lebenden Politiker
Nouri Dehkordi
ermordet durch die damaligen Machthaber im Iran
Sie starben im Kampf für Freiheit und Menschenrechte

DEUTSCHE OPER BERLIN
DEUTSCHE OPER BERLIN
TAXI
18-24 h
18-24 h
LULU
P

DEUTSCHE OPER BERLIN
DAS
SCHLOSS

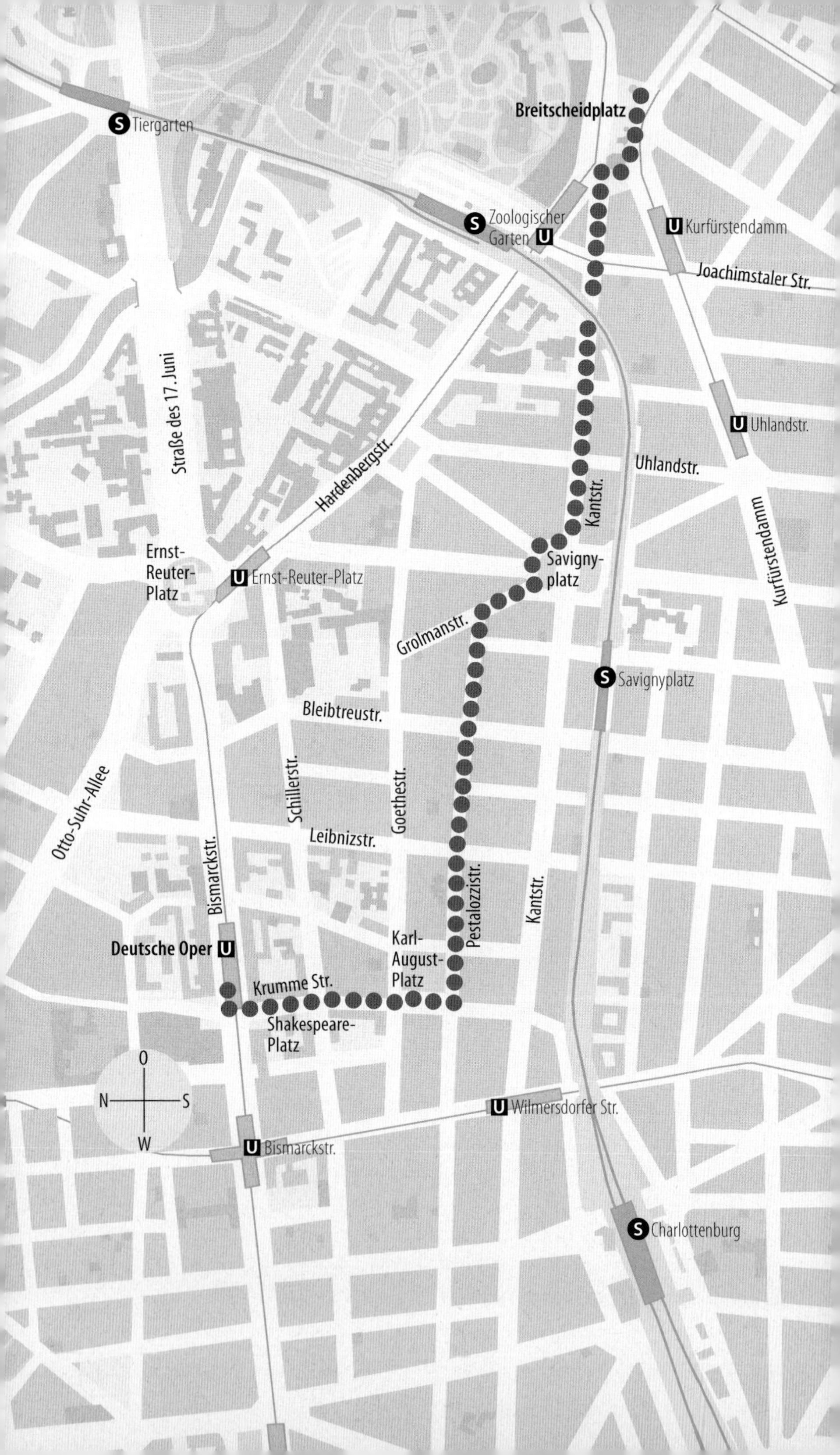

Tiergarten
Breitscheidplatz
Zoologischer Garten
Kurfürstendamm
Joachimstaler Str.
Straße des 17. Juni
Hardenbergstr.
Uhlandstr.
Uhlandstr.
Kantstr.
Kurfürstendamm
Ernst-Reuter-Platz
Ernst-Reuter-Platz
Savignyplatz
Grolmanstr.
Savignyplatz
Bleibtreustr.
Schillerstr.
Goethestr.
Otto-Suhr-Allee
Leibnizstr.
Bismarckstr.
Pestalozzistr.
Kantstr.
Karl-August-Platz
Deutsche Oper
Krumme Str.
Shakespeare-Platz
O
N
S
W
Wilmersdorfer Str.
Bismarckstr.
Charlottenburg

Kiezspaziergang
von der Deutschen Oper zum Breitscheidplatz

Ausgangspunkt des Kiezspaziergangs ist am U-Bahn-Ausgang Deutsche Oper vor dem Opernhaus

Bismarckstraße

Die Bismarckstraße erhielt ihren Namen 1871, im Jahr der Gründung des Deutschen Kaiserreiches. Heute wäre es nicht denkbar, dass eine Straße nach einem Regierungschef benannt wird, der noch im Amt ist, beziehungsweise der sein neues Amt als Reichskanzler gerade antritt. Aber Bismarck wird der Sieg über Frankreich zugeschrieben, und so lag die Benennung einer großen Straße – die auch noch unmittelbar in den Kaiserdamm übergeht – auf der Hand. Schließlich verdankte auch Kaiser Wilhelm I. seine neue Funktion der Bismarckschen Politik.

Bereits im Eosander-Plan von 1765 war die Straße als breite Allee eingezeichnet, zuerst unter dem Namen Mühlenweg, später Mühlenstraße, ab 1871 dann Bismarckstraße.
Nach 1900 wurde die Straße von 26 m auf 50 m verbreitert. Eine ganze Häuserzeile musste hierfür abgerissen werden. Die Stadt Charlottenburg erhielt vom Preußischen Staat als Wertausgleich 400 Morgen Land zu günstigen Konditionen. Auf diesem Ausgleichsgelände befinden sich heute die Ausstellungshallen der Messe Berlin und die Siedlung Heerstraße.

Bismarckstraße 35

Deutsche Oper Berlin

Das Gebäude der Deutschen Oper erweckt den Eindruck es gäbe die Deutsche Oper erst seit den 60er Jahren des 20. Jahrhunderts. Ihre Tradition und auch ihr Standort gehen jedoch sehr viel weiter zurück, denn der Magistrat der selbstständigen und reichen Stadt Charlottenburgs legte sehr viel Wert auf Bildung und Kultur und sah darin einen wichtigen Teil seiner Sozialpolitik.

Selbstverständlich konnte man mit einer eigenen Oper aber auch repräsentieren. Und so entstand bereits um das Jahr 1900 in Charlottenburg die Idee, als Gegenpol zur Königlichen Hofoper Unter den Linden eine Charlottenburger Bürgeroper zu bauen. Der Magistrat gründete eine Opern-Betriebs-AG, und diese beauftragte den Architekten Heinrich Seeling, auf eben diesem Grundstück ein Opernhaus zu errichten. Am 7. November 1912 wurde das »Deutsche Opernhaus« mit der Aufführung des »Fidelio« eröffnet.

Nach dem Ersten Weltkrieg, bei der Eingemeindung Charlottenburgs nach Berlin, wurde auch die Oper von der Stadt Berlin übernommen.

In den Jahren 1925 bis 1933 hieß sie »Städtische Oper«, danach dann abermals »Deutsches Opernhaus«. 1934–36 kamen Verwaltungs- und Werkstättenbauten von Paul Baumgarten dem Älteren hinzu. 1943, nach der Kriegszerstörung des Gebäudes, diente der Admiralspalast, ab 1945 das Theaters des Westens als Ausweichspielstätten – allerdings wieder unter dem Namen »Städtische Oper«.

Am ursprünglichen Standort in der Bismarckstraße erbaute der Architekt Fritz Bornemann 1956 bis 1961 den Neubau

des Opernhauses mit 1 865 Plätzen. Vom ehemaligen Gebäude wurden erhalten gebliebene rückwärtige Teile im Laufe der folgenden Jahre rekonstruiert.
Vor der Oper wurde 1961 eine 20 m hohe schwarz getönte Chrom-Nickel-Stahl-Skulptur von Hans Uhlmann aufgestellt. Die Wiedereröffnung als »Deutsche Oper Berlin« wurde am 24. September 1961 mit einer Aufführung des »Don Giovanni« gefeiert.

Nahezu zwanzig Jahre – bis zu seinem Tod im Dezember 2000 – hatte Götz Friedrich die Intendanz des Hauses inne. In der Tradition des realistischen Musiktheaters Walter Felsensteins prägte er die Operngeschichte der Nachkriegszeit. Ihm folgte Udo Zimmermann als Generalintendant. Er trat im Juni 2003 vorzeitig zurück. Seit September 2004 ist Kirsten Harms Intendantin. Sie hatte bereits seit 1995 die Kieler Oper geführt und zu einem viel beachteten Musiktheater gemacht.

Im Dezember 1990 wurde am U-Bahn-Eingang neben der Deutschen Oper das Gedenkrelief »Tod des Demonstranten« von Alfred Hrdlicka aufgestellt. Die Tafel enthält folgenden Text:

Am 2. Juni 1967 wurde der Student Benno Ohnesorg im Hof des Hauses Krumme Straße 66 während einer Demonstration gegen den tyrannischen Schah des Iran von einem Polizisten erschossen.
Sein Tod war ein Signal für die beginnende studentische und außerparlamentarische Bewegung, die ihren Protest gegen Ausbeutung und Unterdrückung besonders in den Ländern der Dritten Welt mit dem Kampf um radikale Demokratisierung im eigenen Land verband.

Unter diesem Eindruck schuf Alfred Hrdlicka 1971 das Relief
Der Tod des Demonstranten

Dezember 1990

Nach dem Mauerbau wurde Charlottenburg als City von Berlin-West zum Hauptschauplatz politischer Demonstrationen, die mit der zunehmenden Politisierung der Studenten seit den 60er Jahren an Häufigkeit und Stärke zunahmen. Zunehmend heftiger wurden auch die Auseinandersetzungen, die sich unmittelbar vor Ort mit der Polizei ergaben, aber auch die Auseinandersetzungen, die in der Öffentlichkeit und vor allem in den Berliner Zeitungen des Springer-Verlages geführt wurden.

Am 2. Juni 1967 richtete sich der Protest gegen den Besuch des Schahs von Persien in Berlin und damit indirekt auch gegen die Vereinigten Staaten von Amerika, denn Schah Resa Pahlawi galt als amerikanischer Statthalter in Persien. Bei einer Demonstration gegen diesen Besuch, die vor der Deutschen Oper an der Bismarckstraße stattfand, wurde der Student Benno Ohnesorg von einem Polizisten erschossen. Sein Tod wirkte wie eine Initialzündung und führte zu einer weiteren Radikalisierung der Studenten, die dem Berliner Establishment vorwarfen, Schuld an Benno Ohnesorgs Tod zu tragen, denn Hetzkampagnen gegen die Studentenrevolte – insbesondere von Politikern und Medien – hatten im Vorfeld das politische Klima aufgeheizt.

Nachdem der Schah, seine Frau Farah Diba, Bundespräsident Heinrich Lübke und der Regierende Bürgermeister von Berlin, Heinrich Albertz, kurz vor 20.00 Uhr unter Protestrufen und Eierwürfen die Deutsche Oper betreten hatten, um einer Aufführung Mozarts »Zauberflöte« zu folgen, versuchte die Polizei die Studenten in die Krumme Straße abzudrängen. In einem Garagenhof in der Krummen Straße 66/67 wollte Benno Ohnesorg einem Studenten zu Hilfe eilen, der von zwei Polizisten verprügelt wurde. Bis heute ist unklar, ob Ohnesorg als Demonstrant oder Schaulustiger anwesend war. Er wurde von hinten in den Kopf getroffen. Kurz nach 21.00 Uhr starb Benno Ohnesorg im Krankenhaus Moabit. Der Polizist Kurras, der auf Benno Ohnesorg geschossen hatte, wurde später vor Gericht wegen Unzurechnungsfähigkeit frei gesprochen.

Wir überqueren die Bismarckstraße und erreichen auf der gegenüberliegenden Seite den Shakespeare-Platz.

Shakespeare-Platz

Der sogenannte Opernplatz erhielt 1987 den Namen Shakespeare-Platz. Die Parkanlage hat den rechtlichen Status einer »Privatstraße des öffentlichen Verkehrs«. Die hier aufgestellte Büste stammt von Pam Taylor. Shakespeare lebte von 1564 bis 1616 in Stratford-upon-Avon, und er ist noch heute der weltweit bedeutendste Theaterschriftsteller. Viele seiner Stücke wurden später von bedeutende Komponisten zu Opern vertont. Allein Verdi hat eine ganze Reihe höchst erfolgreicher Shakespeare-Opern geschaffen. Insofern ist dieser Platz unmittelbar gegenüber der Deutschen Oper durchaus angebracht.

Wir verlassen nun den Shakespeare-Platz und erreichen über die Krumme Straße den Karl-August-Platz.

Krumme Straße

Bereits um 1800 erhielt die Straße wegen ihres gekrümmten Verlaufs ihren Namen.

Krumme Straße 66

Hier kam Benno Ohnesorg zu Tode. (vgl. vorherige Seite)

Karl-August-Platz

Der Karl-August-Platz wurde 1897 nach dem Herzog und Großherzog von Sachsen-Weimar-Eisenach benannt. Karl August wurde 1757 in Weimar geboren und starb 1828 in Graditz bei Torgau.

Es handelt sich hier um einen Blockplatz mit acht Straßeneinmündungen. Er wurde 1894 als Kirch-, Markt- und Schmuck-

platz mit Rasenstücken und Gehölzen angelegt. 1950 wurde er umgestaltet mit zwei Kinderspielplätzen. Mittwochs und samstags ist hier Wochenmarkt.

Trinitatiskirche

Die evangelische Trinitatiskirche wurde 1896–98 von Johannes Vollmer und Heinrich Jassoy als neugotischer Zentralbau in der Grundform des griechischen Kreuzes mit roter Ziegelverblendung erbaut. Die Einweihung erfolgte am 3. Advent 1898. Im Krieg wurde die Kirche stark beschädigt. Von 1951–53 wurde sie von Erich Ruhtz vereinfacht wiederhergestellt und danach am 8.3.1953 neu eingeweiht. 1960–69 wurde dann der Innenraum neu gestaltet. Bemerkenswert sind die Kirchenfenster.

Vom Karl-August-Platz biegen wir links ab in die Pestalozzistraße.

Pestalozzistraße

Die Pestalozzistraße wurde 1887 nach dem 1746 in Zürich geborenen und 1827 in Brugg in der Schweiz verstorbenen schweizer Pädagogen und Sozialreformer Johann Heinrich Pestalozzi benannt. Er war ein Wegbereiter der Volksschule und der Lehrerbildung und forderte in seinen Schriften die Anerkennung der Menschenwürde durch die Überwindung der Standesunterschiede – und zwar vor allem durch Bildung für alle.

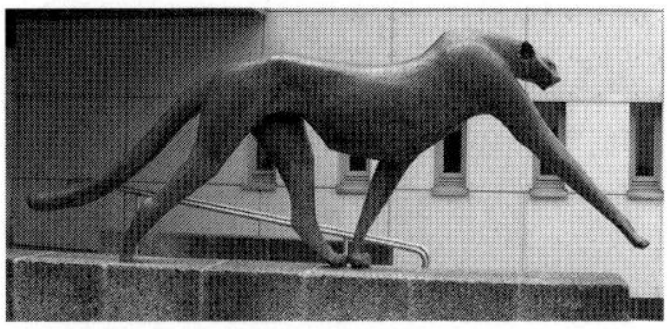

Pestalozzistraße 91

Am Wilmersdorfer Seniorenstift ist die Skulptur eines Geparden aufgestellt.

Pestalozzistraße 14

Das Mietshaus steht unter Denkmalschutz. Es wurde 1885–86 von Ernst Gerhardt erbaut.

Pestalozzistraße 15

Dieses Haus steht unter Denkmalschutz. Es ist die ehemalige Villa Tuckermann, gebaut vom Kaiserlichen Postbaurat Wilhelm Tuckermann, der von 1840 bis 1919 lebte und über Jahrzehnte viele Gebäude, meist im Stil des akademischen Historismus, für die Post geschaffen hat. Darunter 1875–81 das Postfuhramt in der Oranienburger Straße Ecke Tucholskystraße, 1881 das Postamt in der Charlottenburger Goethestraße und 1901–02 das Fernmeldeamt am Steinplatz. Auch die Umbauten des Postamtes in der Goethestraße im Jahr 1903 leitete er. Allerdings wurde dieses Postamt später mehrmals umgebaut.
Die beiden Häuser Pestalozzistraße 14 und 15 wurden vor dem Bau der Synagoge von der Jüdischen Gemeinde erworben und für deren Einrichtungen umgebaut.

Pestalozzistraße 14/15

Synagoge

Im Hofgelände, also innerhalb der geschlossenen Bebauung, wurde in den Jahren 1911–13 vom Architekten Ernst Dorn der rote Backsteinbau in neoromanischem Stil errichtet. Trotz eines Anschlags in der sogenannten »Reichskristallnacht« am 9. November 1938 wurde die Synagoge jedoch nicht zerstört, denn wegen der Gefahr des Übergreifens der Flammen auf die benachbarten Häuser löschte die Feuerwehr den Brand. 1942 erfolgte die Zwangsenteignung. Nach dem Zweiten Weltkrieg wurde die Synagoge an die Jüdische Gemeinde zurück gegeben und 1947 nach erfolgter Renovierung des Gebäudes und Modernisierung des Innenraums wieder eingeweiht. Estrongo Nachama war bis zu seinem Tod im Jahr 2000, weit über die Grenzen Berlins hinaus als Oberkantor der Synagoge und großartiger Sänger bekannt. Neben vielen anderen Ehrungen erhielt er auch die Wilmersdorfer Bürgermedaille.

Am Ende der Pestalozzistraße biegen wir rechts ab in die Grolmannstraße und erreichen rasch den Savignyplatz.

Grolmanstraße
Ecke Bleibtreustraße 1

Die Grolmannstraße wurde 1874 nach dem preußischen General Karl Wilhelm Georg von Grolman benannt. Er wurde 1777 in Berlin geboren und starb 1843 in Posen.

Die Bleibtreustraße wurde 1897 nach dem Maler und Graphiker Georg Bleibtreu benannt. Er wurde 1828 in Xanten geboren und starb 1892 in Berlin. Bekannt wurde er mit Bildern aus dem Freiheitskampf um Schleswig-Holstein. Vor allem mit dem Bild »Vernichtung der Kieler Turner« hatte er großen Erfolg. 1869 wurde er Mitglied der Preußischen Akademie der Künste. Zuletzt wohnte er in der Knesebeckstraße. Sein Grab befindet sich auf dem Kirchhof der Luisengemeinde am Fürstenbrunner Weg.

A-Trane

Das A-Trane ist nach dem Quasimodo einer der renommiertesten Jazzclubs in Berlin. Er wurde von einem Bauunternehmer gegründet, der als Jazzliebhaber diesen Club betreibt und subventioniert. Der Name »A-Trane« bezieht sich auf den Jazztitel »Take the A-Trane« von Duke Ellington, in dem es um eine Eisenbahnlinie in den USA geht.

Savignyplatz

1887 nach dem Juristen Friedrich Karl von Savigny benannt. Dieser wurde 1779 in Frankfurt am Main geboren und starb 1861 in Berlin. Er gründete 1815 die Historische Schule der Rechtswissenschaft und war 1842–1848 Preußischer Minister für Gesetzgebung.

Der Savignyplatz ist ein Blockplatz mit sieben Straßeneinmündungen. 1894/95 wurde er erstmals angelegt, und zwar beidseitig der Kantstraße als typischer Schmuckplatz zur Durchlüftung und Auflockerung im Rahmen der Bebauung.
1926/27 wurde der Platz durch den Städtischen Gartenbaudirektor Erwin Barth mit Sitzlauben und Staudenrabatten umgestaltet. Nach zahlreichen zwischenzeitlichen Veränderungen wurde der Savignyplatz 1987 für das Stadtjubiläum Berlins nach den Plänen Erwin Barths wiederhergestellt.
Die Bronzeskulptur »Knabe mit Ziege« im nördlichen Teil schuf August Kraus 1928. 1985 wurde ein Nachguss aufge-

stellt. Der schöne Kiosk von Alfred Grenander stammt aus dem Jahr 1905. Auch er wurde 1987 instand gesetzt.

Schon zu »West-Berliner Zeiten« war der Savignyplatz ein bevorzugter Treffpunkt von Künstlern und Intellektuellen in den umliegenden Restaurants, Cafés, Buchhandlungen und Galerien, und das ist er wohl auch heute wieder.

Grolmannstraße Ecke Savignyplatz

Zwiebelfisch

Seit mehr als 30 Jahren gibt es hier den »Zwiebelfisch«, einst Stammlokal von Günter Grass, der es sogar in einem seiner Romane verewigt hat. Der »Zwiebelfisch« und die »Dicke Wirtin« an der Carmerstraße gelten geradezu als Symbole des alten West-Berlin

Savignyplatz 5

(zwischen Knesebeckstraße und Carmerstraße)

Die Gedenktafel für George Grosz wurde 1977 angebracht. Auf der Tafel ist Grosz pfeiferauchend bei der Arbeit dargestellt. In die Tafel eingraviert ist ein Bild von Grosz mit den für seine Zeichnungen typischen Figuren. Der Tafeltext lautet:

> In diesem Hause starb
> GEORGE GROSZ
> Zeichner und Maler
> 1893–1959

Savignyplatz 3

C. Adolph Eisenwaren

Das Geschäft für Eisen- und Haushaltswaren, Bühnenbedarf und Schlüsseldienst wurde 1898 gegründet. Diese traditionelle Eisenwarenhandlung mit der Originaleinrichtung aus der Gründungszeit, einer raumhohen Schrankwand mit unzähligen Schubladen zum Aufbewahren der Schrauben, Muttern, Krampen, Dübel usw. ist ein Paradies für jeden, der auch beim Kauf nur einer einzelnen Schraube kompetent beraten werden möchte.

Wir verlassen nun den Savignyplatz und begeben uns auf die Kantstraße in Richtung Breitscheidplatz dem Endpunkt unseres Kiezspazierganges.

Kantstraße

Die Kantstraße wurde 1887 nach dem Philosophen Immanuel Kant benannt, der von 1724 bis 1804 in Königsberg lebte.

Kantstraße 148

Schwarzes Café

Das Schwarze Café wurde 1977 im Anschluss an den »Tunix-Kongress« von Holger Klotzbach eröffnet. Er war damals Mitglied der »3 Tornados« und später Gründer der »Bar jeder

Vernunft«. Das Café war ein legendärer Treffpunkt der Spontibewegung und ist bis heute ein Szenelokal geblieben.

Kantstraße 17–20 Ecke Uhlandstraße 9–11

Stilwerk

Das Stilwerk wurde 1998/99 von den Mailänder Architekten Novotny und Mähner gebaut. Das Geschäftshaus enthält auf 20.000 Quadratmetern 58 verschiedenen Einrichtungs- und Designergeschäfte von gehobenem Standard, außerdem ein Restaurant, eine Espresso-Bar und den Jazzclub »Soultrane«. Der Neubau wurde an Stelle des ehemals hier befindlichen Hauptverwaltungsgebäudes der Dresdner Bank errichtet. Die Tresoranlagen der Bank im Untergeschoss mussten erhalten bleiben, weil die Laufzeit der Schließfächer noch nicht abgelaufen war. Aus statischen Gründen wurde darüber das gläserne, abgerundete Eingangsfoyer an einer Brückenkonstruktion auf zwei seitwärts gebauten Säulen aufgehängt.

Kantstraße 152
Bronzetafel für Carl von Ossietzky

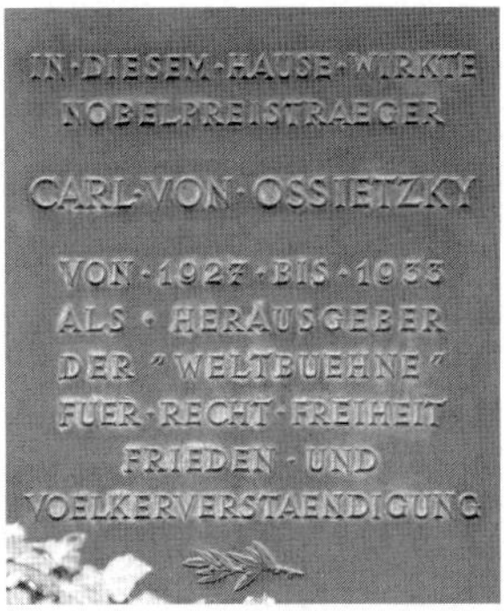

IN•DIESEM•HAUS•WIRKTE
NOBELPEISTRAEGER
CARL•VON•OSSIETZKY
VON•1927•BIS•1933
ALS HERAUSGEBER
DER "WELTBÜHNE"
FUER•RECHT•FREIHEIT
FRIEDEN•UND
VOELKERVERSTAENDIGUNG

Am 1. April 1927 zog hier die Redaktion der »Weltbühne« ein. 1933, nach der Machtübernahme der Nationalsozialisten, wurde ein Teil der Belegschaft verhaftet, andere emigrierten. Das 1891 erbaute Vorderhaus wurde in den letzten Kriegsjahren fast völlig zerstört. In den 50er Jahren wurde die Ruine abgerissen und ein Neubau errichtet.

Die »Weltbühne« hatte bereits eine lange Geschichte hinter sich, ehe sie hier einzog. Sie war zunächst 1905 als Theaterzeitschrift unter dem Titel »Schaubühne« von dem Theaterkritiker Siegfried Jacobsohn gegründet worden. Von 1906 an befand sich die Redaktion in der Lietzenburger Straße 60. Als in den kleinen roten Heften zunehmend auch politische Aufsätze erschienen und im Verlauf des Ersten Weltkrieges dieser Anteil noch mehr zunahm, änderte Jacobsohn 1918 schließlich den Namen der Zeitung in »Weltbühne«. Autoren wie Carl von Ossietzky, Kurt Tucholsky, Erich Kästner, Martin Buber, Ernst Toller und Walter Mehring setzten sich in dem Blatt kritisch mit dem Militarismus und Rechtsextremismus in der Weimarer Republik auseinander. Nach dem Tod von Siegfried Jacobsohn 1926 übernahm Carl von Ossietzky die Redaktion. Ende 1931 wurde er auf Grund von Artikeln, die

sich kritisch mit der Reichswehr auseinandersetzten, zu eineinhalb Jahren Haft verurteilt.
Nach seiner Entlassung am 22. Dezember 1932 nahm Ossietzky die Redaktionsgeschäfte hier in der Kantstraße wieder auf. Selbst nach Hitlers Machtübernahme lehnte er eine Emigration ab. Nach dem Reichstagsbrand wurde er am 28. Februar 1933 verhaftet und am 6. April in das KZ Sonnenburg bei Küstrin gebracht.
Viele Emigranten, darunter auch der nach Skandinavien geflohene Willy Brandt, setzten sich dafür ein, Carl von Ossietzky den Friedensnobelpreis zu verleihen, was jedoch die Nationalsozialisten, allen voran Göring, verhindern wollten.
Schließlich erhielt Ossietzky am 23. November 1936 den Preis für 1935 zugesprochen. Jedoch Göring erlaubte seine Ausreise zur feierlichen Verleihung nicht. Am 4. Mai 1938 starb Ossietzky in der Privatklinik Nordend an den Folgen der schwerer Misshandlungen während seiner Haft.

Paris Bar

Die Paris Bar ist zugleich französisches Bistro und »Wohnzimmer« für zahlreiche prominente Schauspieler und Künstler. Sie wurde von einem ehemaligen französischen Besatzungssoldaten in den frühen 50ern gegründet, seit 1979 betrieben von den beiden Österreichern Michel Würthle und Reinald Nohal. Vor allem zur Berlinale und beim Theatertreffen ist die Paris Bar »zentraler« Künstlertreffpunkt. An den Wänden gibt es eine dicht gehängte Sammlung von Fotografien, Zeichnungen und Gemälden. Der Schauspieler Otto Sander besitzt hier an der Bar einen Stammplatz auf Lebenszeit. 2001 haben die beiden erfolgreichen Wirte direkt daneben die Dependance »Le Bar du Paris Bar« aufgemacht.

Kantstraße 153

Für Rudolf Diesel wurde 1988 folgende Gedenktafel angebracht:

> In diesem Hause wohnte und arbeitete
> von 1893 bis 1894
> RUDOLF DIESEL 18.3.1858-29.9.1913
> Ingenieur und Erfinder des Diesel-Motors

Kantstraße 154a

Stolpersteine für die Familie Behar

HIER WOHNTE
NISSIM BEHAR
JG. 1886
DEPORTIERT 1942
ERMORDET IN
RIGA

HIER WOHNTE
LEA BEHAR
JG. 1890
DEPORTIERT 1942
ERMORDET IN
RIGA

HIER WOHNTE
ALEGRINA BEHAR
JG. 1916
DEPORTIERT 1942
ERMORDET IN
RIGA

HIER WOHNTE
JEANNE BEHAR
JG. 1920
DEPORTIERT 1942
ERMORDET IN
RIGA

Isaac Behar, der Sohn von Nissim und Lea Behar, konnte aus einem Deportationszug fliehen und hat die Verfolgungen im Nationalsozialismus überlebt. Er ist seit Jahren aktiv als Zeitzeuge in unseren Schulen, bei der Bundeswehr und in der Landespolizeischule, wo er vom Schicksal seiner Familie berichtet.

Der 1947 in Berlin geborene Kölner Bildhauer Gunter Demnig hat 1996 in Köln die ersten Stolpersteine verlegt, 10 x 10 cm große aus Beton gegossene Steine mit eingelassener Messingtafel, in die der Künstler mit Hammer und Schlagbuchstaben »Hier wohnte«, Namen, Jahrgang und Stichworte zum weiteren Schicksal eines einzelnen Menschen einstanzt. Die im Gehweg vor dem früheren Wohnort eingelassenen Stolpersteine erinnern an die Opfer von Holocaust und Euthanasie in der Zeit des Nationalsozialismus. Entscheidend ist dabei die persönliche Erinnerung an die Namen der Opfer.

Kantstraße 12 a
Delphi-Filmpalast

Das Delphi-Palais, wie es ursprünglich hieß, wurde 1927/28 von Bernhard Sehring als Tanzlokal errichtet. Nach starker Zerstörung im Zweiten Weltkrieg wurde es 1948/49 zum Kino mit ca. 1200 Sitzplätzen umgestaltet. Nach einem weiteren Umbau, 1981, wurde die Zahl der Sitzplätze auf 725 reduziert. Heute ist der Delphi-Filmpalast ein Filmkunstkino mit einem anspruchsvollen Angebot und eines der wenigen Berliner Kinos, in dem klassische 70mm-Filme gezeigt werden können.

Von dem Theatergarten an der Ecke Kantstraße und Fasanenstraße betrat man ursprünglich über die »Kaisertreppe« das Theater des Westens.

1997/98 wurde die Gartenanlage, die Kaisertreppe und die historische Fassade des Delphi rekonstruiert.

Unterhalb des Delphi befindet sich der Jazzkeller Quasimodo, im Erdgeschoss zur Hardenbergstraße hin das gleichnamige Café. Das Quasimodo ist einer der ältesten Berliner Jazzclubs. Seit 1969 gibt es im Keller unterhalb des Delphi-Filmpalastes Lifemusik. Neben Jazz auch Funk, Soul, Latin, Blues und Rock.

Kantstraße 12
Theater des Westens

Das Theater des Westens wurde 1895–97 von Bernhard Sehring errichtet: Es ist eine Stilmischung zwischen Palladianismus und Jugendstil, »altdeutschem« Fachwerk und Backstein. Modernisiert wurde das Gebäude in den Jahren 1962, 1978 und 1984. In einer der Nischen des Gebäudes ist die Figurengruppe »Berlin und Charlottenburg« zu betrachten. Ursprünglich wurde das Theater des Westens als privates Musiktheater auf Gesellschafterbasis gegründet. Seine Geschichte ist ebenso bunt wie sein Äußeres: Es firmierte zeitweise auch unter den Namen »Goethe-Theater« und »Große Volksoper« und beherbergte nach dem Krieg – wie wir zuvor bereits berichtet haben – bis 1961 die »Städtische Oper«, also die heutige Deutsche Oper Berlin.

Von 1961 bis 1990 standen vor allem Operetten- und Musicals auf dem Spielplan, seither Musicals und Revuen. Das Theater des Westens machte mit der Premiere vorn »My Fair Lady« am 25. Oktober 1961 das Musical in Deutschland populär. Von 1984 bis 1999 leitete der Tänzer, Sänger, Regisseur und Choreograph Helmut Baumann das Haus zunächst als künstlerischer Direktor, später als Intendant. Seinen Einstand gab er mit einem triumphalen Erfolg: »La Cage aux Folles« (Ein Käfig voller Narren). Zehn Jahre lang wurde das Stück immer wieder in den Spielplan aufgenommen – mit Helmut Baumann als Hauptdarsteller.

2002 wurde das Theater durch den Senat an den privaten Musical-Konzern Stage Holding verkauft; die Immobilie blieb allerdings im Landesbesitz. Nach Umbauten wurde das Haus am 26.9.2003 mit der Premiere des Musicals »Les Misérables« wieder eröffnet. Seit dem Frühjahr 2005 werden »Die drei Musketiere« gezeigt.

Kantstraße 155

Kant-Dreieck (KapHag-Hochhaus)

Das elfgeschossige Bürohochhaus mit einem angegliedertem fünfgeschossigen Trakt wurde 1992–95 von Josef Paul Kleihues als einer der ersten Büroneubauten der 90er Jahre in der City West gebaut. Ursprünglich wurde der Bau um ein Drittel höher geplant, was aber dem Genehmigungsverfahren zum Opfer fiel. Das große beweglich gelagerte Windsegel ist ein symbolischer Ausgleich und ein markantes Wegzeichen.

1994 wurde das Haus mit dem Preis des Bundes Deutscher Architekten ausgezeichnet.
Die Skulptur »Der gestürzte Krieger« von Markus Lüpertz wurde der Stadt Berlin von der KapHag gestiftet. Sie wurde vor dem Hochhaus aufgestellt und ist Eigentum der Berlinischen Galerie.

Kantstraße Ecke Joachimstaler Straße

City-Light-House

Das Büro- und Geschäftshaus von Oliver Collignon und Florian Fischötter erhielt seinen Namen »City-Light-House« wegen seiner verglasten Fassade. Im Januar 2002 begannen die Vorarbeiten mit dem Abriss des Gründerzeit-Altbaus mit dem legendären Sportgeschäft »Ski-Hütte«. Ende 2003 wurde das Haus fertiggestellt.

Kantstraße 165

An dem Gebäude wurde 1988 eine Gedenktafel für Friedrich Spielhagen angebracht:

> In dem hier vormals stehenden Hause
> wohnte und arbeitete
> in seinen letzten Lebensjahren
> FRIEDRICH SPIELHAGEN
> 24.2.1829-25.2.1911
> Schriftsteller, Verfasser sozialkritischer Romane

1902 wurde eine zwischen Kaiser-Friedrich- und Wilmersdorfer Straße liegende Straße nach Friedrich Spielhagen benannt.

Der Spaziergang endet am Weltbrunnen auf dem ***Breitscheidplatz****.*

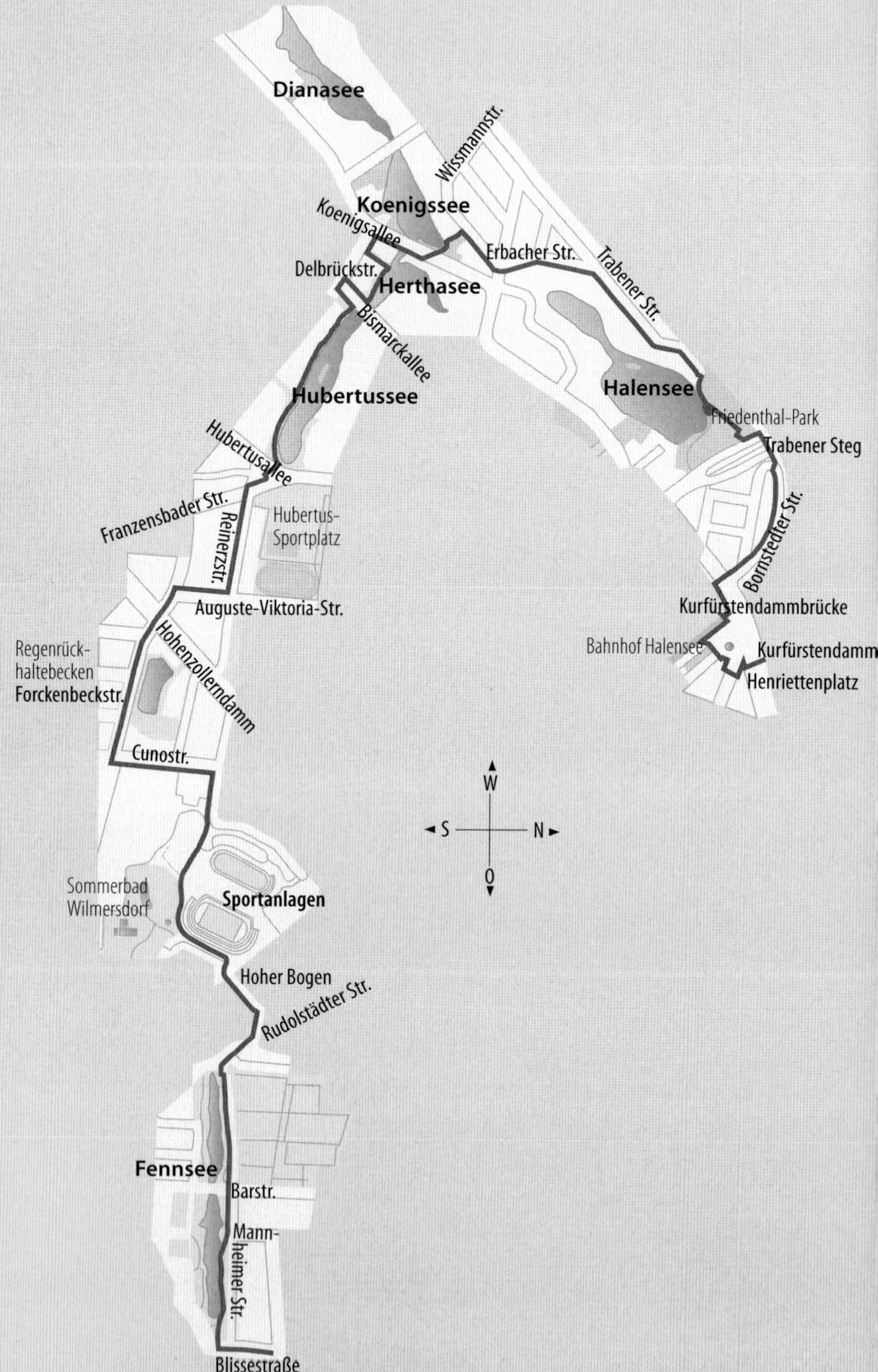

Dianasee
Wissmannstr.
Koenigssee
Koenigsallee
Erbacher Str.
Trabener Str.
Delbrückstr.
Herthasee
Bismarckallee
Halensee
Hubertussee
Friedenthal-Park
Trabener Steg
Hubertusallee
Bornstedter Str.
Franzensbader Str.
Reinerzstr.
Hubertus-
Sportplatz
Auguste-Viktoria-Str.
Kurfürstendammbrücke
Bahnhof Halensee
Kurfürstendamm
Henriettenplatz
Regenrück-
haltebecken
Forckenbeckstr.
Hohenzollerndamm
Cunostr.
W
S
N
O
Sommerbad
Wilmersdorf
Sportanlagen
Hoher Bogen
Rudolstädter Str.
Fennsee
Barstr.
Mann-
heimer Str.
Blissestraße

Kiezspaziergang
zu Seen in der Villenkolonie Grunewald

Ausgangspunkt des Kiezspaziergangs ist der S-Bahnhof Halensee

Bahnhof Halensee

1877 wurde der S-Bahnhof Halensee eröffnet. Der ursprüngliche Name »Bahnhof Grunewald« wurde jedoch erst 1884 in »Bahnhof Halensee« geändert, gleichzeitig wurde sein Standort weiter östlich an die heute Stelle verlegt und umgebaut. 1960 wurde ein Neubau im Pavillonstil errichtet. Nach dem Mauerbau wurde der Bahnhof stillgelegt. 1985 eröffnete Opel Hesse in dem Pavillon einen Autosalon. 1993 hat die Bahn beschlossen, den Bahnhof ohne Empfangshalle zu betreiben und das Gebäude abgerissen.

Kurz vor der Maueröffnung wurde 1988 überlegt, das Bahngelände hier in Halensee zu überbauen. Der Halenseegraben sollte mit einer Art Deckel versehen werden, auf dem dann 1 400 Wohnungen entstehen sollten. 1,5 Milliarden DM hat man damals für eine solche Baumaßnahme kalkuliert. West-Berlin konnte sich in seiner Grundfläche nicht ausdehnen. Daher suchte man nach Möglichkeiten, zusätzliche Baumöglichkeiten zu schaffen. Nach der Wende wurden diese Pläne zu den Akten gelegt.

Kurfürstendammbrücke

Der Kurfürstendamm ist hier 12 m höher als an der Gedächtniskirche. Man hat einen schönen Blick nach Charlottenburg (ICC) und nach Wilmersdorf (Kraftwerk und BfA-Gebäude).

Kurfürstendamm 119/120

Hier steht ein 70-Millionen-Bau von Helmut Jahn aus dem Jahr 1993

Stadtteil Halensee

Der Stadtteil Halensee ist kein offizieller Ortsteil. Halensee hat auch keine eigene Geschichte als selbständige Gemeinde wie zum Beispiel Schmargendorf oder Grunewald. Die Bezeichnung Halensee für die Gegend rund um das westliche Ende des Kurfürstendammes entstandt, als der Kurfürstendamm ab den 80er Jahren des 19. Jahrhunderts ausgebaut wurde. Natürlich stammt der Name von dem nahegelegenen Halensee. Dieser See wiederum gehört jedoch überwiegend zur Villenkolonie Grunewald, nicht zum Stadtteil Halensee.

Henriettenplatz

Der Platz wurde 1892 nach der Gemahlin von Friedrich-Wilhelm, dem Großen Kurfürsten, Luise Henriette von Oranien-Nassau benannt.

1987 – zur 750-Jahr-Feier Berlins – wurde der Platz im Rahmen eines städtebaulichen Wettbewerbs mit dem Medusenbrunnen (von Anna und Patrick Poirier), den Säulenkolonaden mit der

BVG-Wartehalle und einem auf der gegenüberliegenden Straßenseite plazierten Obelisk (von Heinz Mack) neugestaltet. Dieser Obelisk entspricht dem Leuchtobelisken am Europa-Center. Dieser stammt ebenfalls von Heinz Mack. Eine Gedenkstele für Luise Henriette in Form eines kleinen Obelisken wurde von niederländischen Unternehmen gestiftet und ebenfalls 1987 aufgestellt. An der Stele sind Reliefs von Luise Henriette und ihrem Gemahl, dem Großen Kurfürsten, angebracht.

Zur 750-Jahr-Feier Berlins wurden auch die teuren, verschnörkelten »Hardenberg-Leuchten« entlang des gesamten Kurfürstendamms aufgestellt. Die Bezeichnung »Hardenberg-Leuchte« bezieht sich auf die entlang der gleichnamigen Straße aufgestellten Originale. Die ursprünglich sehr viel schlichteren Straßenlampen am Kurfürstendamm wurden im Krieg zerstört und in den 50er Jahren durch Peitschenlampen ersetzt.

Kurfürstendamm 116–118

Für die drei Wohnhäuser hinter dem Henriettenplatz wurde seit 1993 der Abriss und Neubau geplant, jedoch im Jahr 2001 wieder verworfen.

Kurfürstendamm 130

Das Eckhaus an der Ecke Kurfürstendamm und Westfälische Straße wurde ebenfalls zur 750-Jahr-Feier 1987 restauriert und mit einer neuen, transparenten Kuppel versehen. Ursprünglich hatten alle Eckhäuser am Kurfürstendamm Türme, Türmchen oder Kuppeln.
Die ehemalige Jugendbibliothek Halensee musste im Jahr 2000 geschlossen werden.

Nachdem wir die Kurfürstendammbrücke überquert haben biegen wir rechts ab in die Bornstedter Straße.

Bornstedter Straße

1888 benannt nach dem Potsdamer Stadtteil, damals noch »Bornstädter Straße«, seit 1906 Bornstedter Straße

Friedhof Grunewald (Bornstedter Straße 11–12)

1892 wurde der Friedhof für die neugegründete Villenkolonie Grunewald auf 11 686 m² Fläche angelegt und wegen seiner schon damals von Bahngleisen umschlossenen Lage im Volksmund die »Toteninsel« genannt. Die neugotische Friedhofskapelle stammt aus dem Jahr 1897.

Hier wurden unter anderen beerdigt:

Otto Lessing † 1912
Bildhauer
Das Grab schmückt ein Marmorrelief des Künstlers.

Oskar Hertwig † 1922
Biologe

Carl Paul Goerz † 1923
Optiker, Fabrikant

Hermann Sudermann † 1928
Schriftsteller, Dramatiker
Am Grab befindet sich eine Skulptur der Göttin Hera. Das Grabmal wurde für Sudermanns Ehefrau Clara errichtet. Die Marmorbüste stand ursprünglich im Park von Sudermanns ehemaligem Wohnsitz Schloss Blankensee.

Hans Delbrück † 1929
Historiker

Bernhard Dernburg † 1937
Bankier, Kolonialminister
Ein kunstvolles Glasmosaik der Firma Puhl und Wagner schmückt das Grab.

Hans Geiger † 1945
Physiker, Erfinder des »Geigerzählers«

Trabener Steg

Bürogebäude am Halensee »Zitrone«, Kronprinzendamm 15

1994–96 wurde das Gebäude von Hilde Léon und Konrad Wohlhage auf einem Grundstück direkt an dem meistbefahrenen Autobahnabschnitt Deutschlands der A100 errichtet, obwohl das Grundstück als unbebaubar galt. Es ist ein 7-geschossiges Haus auf dreieckigem Grundriss. Über einem sogenannten Luftgeschoss ragt das Gebäue 6 m vor. Es hat insgesamt 7 500 m^2 Bürofläche mit variablen Grundflächen. Markant ist die dynamisch geschwungene, verglaste Fassade über einem Natursteinsockel parallel zur Autobahn. Aus Schallschutzgründen und zum Schutz gegen Abgase verfügt das nach den Prinzipien des ökologischen Bauens errichtete Bürohaus über eine zweischalige Außenmauer, deren Zwischenraum über das Dach belüftet wird und so ein natürliches Raumklima gewährleistet. 1997 wurde der Bau mit dem Deutschen Architekturpreis ausgezeichnet. Nach

der Insolvenz des ehemaligen Hauptmieters Aubis im Jahr 2000 Leerstand.

Der (Spott-)Name »Zitrone« wurde von Anwohnern, die sich gegen das Bauvorhaben in Betroffeneninitiativen zusammengeschlossen hatten, auf Grund der elliptischen Form des Gebäudes geprägt.

Wir überqueren nun die Autobahn A100 über den Trabener Steg.

Friedenthal-Park

Der Park wurde 1938 als Landschaftspark von Joseph Pertl gestaltet. Er hieß zunächst Halenseepark. 1997 wurde er nach dem preußischen Politiker und Unternehmer Karl Rudolf Friedenthal benannt. Wegen seiner jüdischen Herkunft war im Jahr 1938 die nach ihm benannte Friedenthalstraße in Schellendorffstraße umbenannt worden. Da eine Rückbenennung der Straße nicht möglich war, wurde ersatzweise der Halenseepark nach Friedenthal benannt. Auf einem großen Findling informiert eine Gedenktafel darüber:

Karl Rudolf Friedenthal
15.9.1827 - 7.3.1890

Preußischer Politiker und Unternehmer
1867 Mitbegründer der Freikonservativen Partei
1871–1881 Reichtagsabgeordneter
1874–1879 preußischer Landwirtschaftsminister

1938 wurde in Wilmersdorf die nach Friedenthal benannte Straße wegen seiner jüdischen Herkunft von den Nationalsozialisten umbenannt in Schellendorffstraße

Der Park ist im Sommer eine beliebte Nacktbadewiese.

Wie es am Ende des 19. Jahrhunderts hier aussah, das hat Theodor Fontane 1891 in seinen Roman »Jenny Treibel« beschrieben. Hier spielt das gerade eröffnete »Wirtshaus am Halensee« eine wichtige Rolle als Ziel einer Landpartie. Für Corinna, die Tochter des Professors Schmidt, die mit Leopold, dem Sohn der Kommerzienratsfamilie Treibel, eine gemeinsame Zukunft plant, klingt *»ein Nachmittag in Halensee fast so poetisch wie vier Wochen auf Capri«* ...
Fontane beschreibt zunächst die Verkehrsmittel, mit denen die Ausflügler anreisen, und dann die Landschaft aus der Turmperspektive:

»Und wirklich, um vier Uhr war alles versammelt, oder doch fast alles. Alte und junge Treibels, desgleichen die Felgentreus, hatten sich in eigenen Equipagen eingefunden, während Krola ... aus nicht aufgeklärten Gründen die neue Dampfbahn, Corinna aber ... die Stadtbahn benutzt hatte. Von den Treibels fehlte nur Leopold ...
Sehen Sie, Schmidt, wenn ich Leopold Treibel wäre ..., so hätte mich doch kein Deubel davon abgehalten, hier heute hoch zu Roß vorzureiten, und hätte mich graziös ... aus dem Sattel geschwungen ... Und nun sehen Sie sich den Jungen an. Kommt er nicht an, als ob er hingerichtet werden sollte? Denn das ist ja gar keine Droschke, das ist ein Karren, eine Schleife.«
»Nun, liebe Freunde,« nahm Treibel das Wort, »alles nach der Ordnung. Erste Frage, wo bringen wir uns unter? Wir haben verschiedens zur Wahl. Bleiben wir hier Parterre, ... oder rücken wir auf die benachbarte Veranda hinauf ... Oder endlich, ... sind Sie für Turmbesteigung und treibt es Sie, diese Wunderwelt, in der keines Menschen Auge bisher einen frischen Grashalm entdecken konnte, treibt es Sie, sage ich dieses von Spargelbeeten und Eisenbahndämmen durchsetzte Wüstenpanorama zu Ihren Füßen ausgebreitet zu sehen?«

1904 wurden aus dem »Wirtshaus am Halensee« die »Terrassen am Halensee«, 1910 dann der »Lunapark«. Es war ein riesiger Vergnügungspark, der sich vom Kurfürstendamm bis zum See erstreckte. Sein Lärm war in ganz Halensee zu hören. Zeitweise gab es an jedem Abend zum Abschluss ein großes Feuerwerk. Der Eingang befand sich unweit des heutigen Rathenauplatzes. 1935 musste der Lunapark einem Autobahnzubringer Richtung Olympiastadion weichen.

Der Halensee

Der Halensee gehört zur Kleinen Grunewaldseenkette und ist mit 56 000 m² Oberfläche der größte dieser Seen. Der Halensee wird durch Grundwasser gespeist und hat keinen natürlichen Zufluss. Er hat eine mittlere Tiefe von 5 m und ein Volumen von ca. 285 000 m³.
Der größte Teil der Uferzone ist in privater Hand. Lediglich im Norden und Süden ist der See frei zugänglich.

Eine große Bedeutung hat der Halensee für die Entsorgung der Straßenabwässer. Der Gesamtzufluss aus den Niederschlägen eines Jahres beträgt 48 % des Seevolumens.
Aufgrund der hohen Nährstoffkonzentration (Phosphor) ist der Halensee in Folge des massenhaften Algenbewuchs ein hypertrophes Gewässer mit geringer Sichttiefe.
Die hohe Zahl an nachgewiesenen Keimen, Fäkalkoliforme, Gesamtkoliforme hat dazu geführt, dass der See von der Senatsverwaltung für Gesundheit als deutlich belastet eingestuft wird.

Bei den Badegewässeruntersuchungen kam es regelmäßig zu Grenzwertüberschreitungen, die das Gesundheitsamt veranlassten vom Baden in dem See abzuraten. Aufgrund der Grenzwertüberschreitungen wurde der Halensee im Januar 2003 als Badegewässer bei der EU abgemeldet.

Maßnahmen zur Verbesserung der Gewässergüte

Das Einzugsgebiet für die Regenwassserentwässerung betrug bis 1996 168,4 ha. Durch das Schließen der Überlaufsperre an der AVUS zur Entlastung des Halensees wurde das Einzugsgebiet auf ca. 67,3 ha reduziert was zu einer deutlichen Entlastung geführt hat.

Bodenfilteranlage

Zur weiteren Verbesserung der Wasserqualität wurde eine Bodenfilteranlage mit 2 200 m^2 Flächenbedarf und einer ca. 80 % Reinigungsleistung an der Haupteinleitstelle errichtet.

Sanierungsziele

- Reduzierung der eingetragenen Fracht an PAK, PCB, MKW, AO_X, und Schwermetalle zur Verringerung der Belastung des Sedimentes
- Reduzierung der bakteriell-hygienischen Belastung des Halensees
- Reduzierung der eingetragenen organischen Belastung und der Nährstoffe

Durch Platzierung an den Rand wird die öffentliche Grünanlage, die in den Sommermonaten von vielen als Liegewiese genutzt wird, minimal beeinträchtigt.
Aus Betriebsgründen muss der Retentionsfilter mit einer Mauer und teilweise einem Zaun umgeben sein. So wird gleichzeitig auch eine verminderte Geräuschsbelastung der Grünanlage durch den Straßenverkehr durch die Ausgestaltung der zum öffentlichen Straßenland hingewandten Mauer als Schallschutzmauer erreicht.

Wir begeben uns über die Trabener Straße, die Erbacher Straße und die Wissmannstraße auf den Weg zum Koenigssee.

Trabener Straße

1895 benannt nach Traben-Trarbach, der Stadt an der Mosel in Rheiland-Pfalz. Die Straßen in diesem Teil der Villenkolonie Grunewald wurden überwiegend nach Weinorten benannt.

Erbacher Straße

1898 benannt nach dem heutigen Stadtteil von Eltville in Hessen.

Erbacher Straße **Nr. 1–3**

Ehemalige Villa des Bankiers Bernhard Dernburg. Das Eingangstor erinnert noch an die frühere Villa von 1901. Hinter dem Haus ließ Dernburg einen landschaftlich gestalteten Garten anlegen, der bis zum Halensee reichte. Durch umfangreiche Baumaßnahmen nach dem Zweiten Weltkrieg wurde das Grundstück wie so viele in der Villenkolonie Grunewald weitgehend verändert.

Wissmannstraße

1898 benannt nach dem Afrikaforscher Major Hermann von Wissmann (1853–1905).

Wissmannstraße **Nr. 6**

Seit den 60er Jahren lebt hier der bekannte Bildhauer Rainer Kriester, der in seinem Garten seine Skulpturen ausstellt.

Der Koenigssee

Der 2,2 ha große See ist einer der vier 1889 zum Ausbau der Villenkolonie Grunewald künstlich angelegten Seen. Er wurde – wie die gleichnamige Allee – nach dem Bankier und Mäzen Felix Koenigs (1846–1900) benannt. Der geplante Grunewalder Uferwanderweg ist hier auf einer Länge von 515 m angelegt.

Die Anlage der vier Seen diente einerseits zur Trockenlegung des übrigen Grunewaldgebietes. Zum anderen konnte man dadurch begehrte und entsprechend teure Seegrundstücke gewinnen. Die Seen wurden von aus Polen stammenden Erdarbeitern ausgehoben.

Im Bezirk Charlottenburg-Wilmersdorf liegt die Kleine Grunewaldseenkette (Koenigssee, Herthasee, Hubertussee, Fennsee, Dianasee), der Halensee und der Grunewaldsee. Diese Seen werden von zwei ehemaligen Schmelzwasserrinnen durchzogen. Diese entstanden im Verlauf der Eiszeit, also etwa 600.000 bis 12.000 Jahre vor unserer Zeitrechnung. Die erste ist eine Nebenrinne der Havelseenrinne, die in Nord-Süd-Richtung verläuft. In ihr sind der Lietzensee, der Halensee, der Hundekehlesee, der Koenigssee und der Dianasee enthalten. Die zweite Rinne verläuft etwa vom Schöneberger Rathaus in westlicher Richtung auf die erste zu. In ihr liegen der Fennsee, der Hubertussee und der Herthasee. Der Spaziergang führt uns entlang der zweiten Eiszeitrinne.

Alle fünf Gewässer der Kleinen Grunewaldseenkette Natur werden im wesentlichen vom Grundwasser gespeist. Hinzu kommt Niederschlagswasser, das auf die Seen und auf das angrenzenden Straßengebiet fällt.

Die Wassergüte ist in sämtlichen Seen der Kette durch starke Schwankungen im Salzgehalt, der Zusammensetzung der mineralischen und fäulnisfähigen Wasserinhaltsstoffe sowie der Nährstoffe und deren Folgen geprägt.

Als Fortschreibung des Bewirtschaftungsplans für die Kleine Grunewaldseenkette war zur Verbesserung der Wasserqualität an eine zusätzliche Versorgung mit phosphatarmen Zuschusswasser gedacht.

Dieses sogenannte Durchströmungskonzept sieht vor, sauerstoffreiches sowie nährstoffarmes Wasser aus der OWA (Oberflächenwasseraufbereitungsanlage) Phosphateliminierungsanlage Beelitzhof in umgekehrter Fließrichtung über den Schlachtensee und die Krumme Lanke in den Grunewaldsee bis zum Dianasee zu leiten. Letztendlich kann so bei Bedarf über ein Pumpwerk am Dianasee die Kleine Grunewaldseenkette mit sauberem Wasser versorgt werden.

Landschaftsplan für die Grunewaldseenkette

Für den Teil der Villenkolonie Grunewald, der an die kleinen Grunewaldseen angrenzt, wurde in den letzten Jahren ein Landschaftsplan nach dem Berliner Naturschutzgesetz aufgestellt. Es handelt sich hierbei um den ersten Landschaftsplan der in Berlin für einen weitgehend bebauten Teil der Stadt festgesetzt ist.

Ursprünglich war das Gebiet rund um die kleinen Grunewaldseen bewaldet. Die verlandeten Moore Dianasee, Koenigssee, Herthasee und Hubertussee wurden Ende des vorletzten Jahrhunderts innerhalb nur eines Jahres ausgehoben und durch artesische Brunnen mit Wasser gefüllt. Die Ufer wurden befestigt und mit einer gewässertypischen Vegetation versehen. Innerhalb der eiszeitlichen Geländerinne waren der Halensee und der Hundekehlesee seit jeher natürliche Seen.

Ein Hauptcharakteristikum der neu entstandenen Seen bestand darin, dass man ihre Künstlichkeit nicht wahrnahm. Mit ihren geschwungenen Uferlinien lag der optische Unterschied zu den beiden natürlichen lediglich in ihrer geringen Breite und einer freilich nicht sichtbaren Tiefe von durchschnittlich nur anderthalb Metern. Das bei dem Aushub anfallende Erdreich nutzte man für Aufschüttungen der Ufer, so dass die Seeparzellen ein zum Teil beträchtliches Gefälle zum Gewässer haben.

Die Ufer der Kolonie standen nicht für Erholungssuchende zur Verfügung. Für diese glaubte man mit dem nahen Gru-

newaldsee, dem Südufer des Hundekehlesees sowie dem nördlichen Halensee und seiner öffentlichen Badeanstalt ausreichend Ufer, bzw. Seeanteile bereitgestellt zu haben.
Die damals gültigen Baubestimmungen sicherten die landschaftlichen Qualitäten des Villengebietes. So wurden die Seeufer und die Hangbereiche von Bebauung freigehalten und eine Bebauungshöchstgrenze von 30 % der Grundstücksfläche vorgeschrieben. Gehörten die ersten 1890 bebauten Flächen noch zu den kleineren Grundstücken mit einer Größe zwischen 700 und 3 500 m², so entstanden doch innerhalb der darauffolgenden 15 Jahre gärtnerisch kultivierte Anlagen mit Ausmaßen zwischen 5 000 und 23 000 m² bis hin zur extremen Ausdehnung von annähernd 80 000 m² Gartenfläche. Entsprechend großzügig war die Bepflanzung mit Waldbäumen möglich.

Diese großen Grundstücke waren im wesentlichen in exponierter Lage am Johannaplatz, entlang der Koenigsallee oder den Uferbereichen der Seen zu finden. Besonders bevorzugt waren die Nord- und Ostlagen der Seen, da dort eine optimale Ausnutzung der Sonnenscheinstrahlung erwartet wurde.

Erholungsgebiet.

Auch für die Wilmersdorfer Innenstadt

Trotz des grünen Erscheinungsbildes des Ortsteils Grunewald und der Nähe zum Berliner Forst Grunewald besteht noch immer ein Defizit an wohnungsnahen öffentlichen Grünflächen.

Mit stetig steigender Bebauungsdichte sah man sich gezwungen, diesem Notstand Abhilfe zu verschaffen. So wurde zu Beginn der Siebziger Jahre die Idee aus den zwanziger Jahren wieder aufgegriffen, die Ufer der Grunewaldseen durch einen öffentlichen Wanderweg zu erschließen und diesen mit dem Forst Grunewald und der dicht bebauten Innenstadt zu vernetzen.

Ab 1979 wurden zunächst die Uferpartien der landeseigenen Grundstücke am Südufer des Hubertussees entsprechend hergerichtet. Andere Uferbereiche konnten in den folgenden Jahren durch sukzessiven Ankauf dem Konzept zugeführt werden.

Von dem insgesamt 3.5 km langen Grünzug sind bis heute bereits 1,9 km fertiggestellt und für die Öffentlichkeit zugänglich. Zu befürchten ist allerdings, dass das fehlende Geld zum Ankauf weiterer Grundstücksflächen sowie der drastische Stellenabbau beim Pflegepersonal keine weiteren Begrünungen in diesem Bereich zulässt.

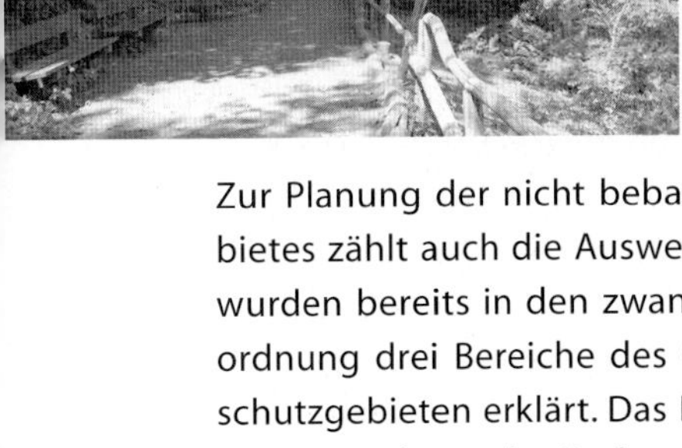

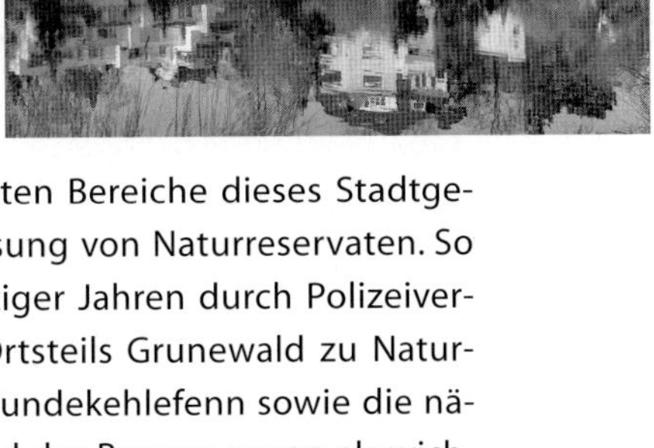

Zur Planung der nicht bebauten Bereiche dieses Stadtgebietes zählt auch die Ausweisung von Naturreservaten. So wurden bereits in den zwanziger Jahren durch Polizeiverordnung drei Bereiche des Ortsteils Grunewald zu Naturschutzgebieten erklärt. Das Hundekehlefenn sowie die nähere Umgebung des Pech- und des Barssee waren als wichtige Reste der ehemals reichhaltigen Flora im Grunewaldgebiet erkannt worden. So bildete sich am Hundekehlefenn ein Zwischenmoor in Form eines Kiefern-Birkenbruchs und auf dem nördlich des Grunewaldsees wuchs sogar ein kleines Hochmoor. In den achtziger Jahren kamen dann noch die NSG Postfenn, Teufelsee mit Teufelsfenn und ein Teil des Grunewaldsees hinzu.

Die Qualitäten gehen verloren

Veränderte Baubestimmungen nach 1959 führten zur zunehmenden baulichen Verdichtung und Nutzungsintensivierung und somit zur teilweisen Zerstörung des traditionellen Landschaftsbildes. Gleichzeitig wurden der ökologische sowie der Erholungs- und Wohnwert beeinträchtigt. Prägende Landschaftselemente wie die Hangkanten zu den Seen, der Waldbaumbestand und die großzügigen Grundstücksfreiflächen sind heute zum Teil vollständig verschwunden.

Durch intensive Nutzung wird der empfindliche Uferbereich geschädigt. Die Bebauung im Hangbereich bewirkt außerdem die Zerstörung gewachsener Böden. Die charakteristische Bepflanzung der Grundstücke mit in der Region typischen Waldbaumarten ist in den vergangenen Jahren immer weiter zugunsten von untypischen Gehölzen zurückgegangen. Großkronige Laubbäume, die ehemals prägende Waldkiefer oder landschaftstypische Sträucher werden kaum noch gepflanzt. Die Veränderung der Struktur der Freiräume durch die aktuelle Gehölzverwendung, die Materialauswahl oder die Vermehrung der befestigten Flächen

(z. B. für Stellplätze und andere Nebenanlagen) führen zu einer starken Einschränk seltenen bzw. gefährdeten Pflanzen- und Tierarten. Dies wirkt sich deutlich negativ auf die ehemals vorhandene Wertigkeit als Biotop aus. Faunistische Gutachten über den Bestand an Amphibien (Frösche und Kröten) und an Vögeln sowie floristisch-vegetationskundliche Gutachten belegen diese Entwicklung.
Der heute noch vorhandene Grünanteil im Geltungsbereich beeinflusst die klimatische Situation der verdichteten Innenstadt positiv. Er trägt damit zur Optimierung des Luftaustausches zwischen ihr und der im Westen angrenzenden Waldfläche des Grunewaldes bei. Jedoch beeinflusst die starke Versiegelung und verdichtete Bebauung auch die Naturhaushaltsfaktoren Boden, Klima und Grundwasser erheblich. Gerade im klimatischen Bereich kann dies Auswirkungen auch über den Geltungsbereich hinaus haben. Und nicht zuletzt werden auch die denkmalpflegerisch bedeutsamen Gartenanlagen durch die Veränderung im Landschaftsbild beeinträchtigt.

Mit Hilfe des Landschaftsplanes Qualitäten sichern

Aufgrund der beschriebenen Entwicklung wurden für den Geltungsbereich des Landschaftsplanes folgende grundsätzliche Ziele definiert:

- Erhaltung und Entwicklung des ehemals prägenden und typischen Landschaftsbildes einschließlich des standortgerechten und gebietstypischen Baumbestandes.
- Schutz, Erhaltung und Entwicklung der Lebensräume für die typischen, teilweise seltenen wildlebenden Pflanzen und Tiere.

- Sanierung und Renaturierung der Uferbereiche der Seen.
- Anlage eines geschlossenen Wegesystems über öffentliche Grünflächen von der Innenstadt in die Waldbereiche des Forstes Grunewald.
- Erschließung der Seen und ihrer Landschaftsräume für die Allgemeinheit durch einen Uferwanderweg.
- Erhaltung und Pflege der bedeutenden historischen Gartenanlagen.

Zur Sicherung und Entwicklung der Qualitäten entlang der Seeufer wurde eine im Mittel 35 m breite Uferschutzzone festgesetzt, für die besondere Schutz- und Pflegemaßnahmen anzuwenden sind.
Durch Reduzierung des Pflegeaufwands der Seen können diese immer stärker zuwachsen. Der dadurch verstärkte Laubfall in die Seen führt zu Verschlammung und Sauerstoffverzehr beim biologischen Abbau. Deshalb sind Abholzungen an der Ufern wichtige Maßnahmen zur Verbesserung der Wasserqualität. Bei den Abholzmaßnahmen kommt es immer wieder zu öffentlichen Protesten, da dieser Zusammenhang und die Bedeutung für die Seen häufig nicht bekannt ist.

Koenigsallee

Nr. 20 a Ecke Delbrückstraße

Villa Walther

1917 vom Königlichen Baurat Wilhelm Walther erbaut. Er wurde durch den Bau der »maßlosen Villa« ruiniert und soll sich nach ihrer Fertigstellung im Turm erhängt haben. Der Architekt Wilhelm Walther war ein Hauptvertreter des Eklektizismus, das heißt einer Mischung verschiedenster Stile. Er wurde bekannt durch den Bau von Versicherungspalästen, Industriebauten und Mietvillen in Berlin – und er war auch im Grunewalder Baugeschäft engagiert. Mit seiner eigenen Villa errichtete er ein städtebauliches und künstlerisches Lehrstück seiner eigenen Architekturauffassung.

1985 wurde die Villa nach langjährigem Leerstand zwar vorbildlich restauriert, zugleich jedoch unvorteilhaft erweitert und ausgebaut. Sie wurde danach von verschiedenen Einrichtungen genutzt, unter anderem vom Wissenschaftskolleg. Heute befindet sich hier die rumänische Botschaft und das rumänische Kulturinstitut. Hinter dem Haus befindet sich ein kleiner öffentlicher Park. Dieser ist Teil der 1912 entstandenen Gartenanlage, die ebenfalls von Wilhelm Walther stammt. Innerhalb des Gartens sind starke Höhenunterschiede durch steile Böschungen aufgefangen, so dass stets ebene Flächen entstanden.

Der Herthasee

Ein 1,3 ha großer, bis zu fünf Metern tiefer 1889 beim Ausbau der Villenkolonie Grunewald künstlich angelegter See; fast vollständig von Privatgrundstücken umgeben. Der See erhielt seinen Namen nach der germanischen Göttin Hertha (nach Tacitus). Der geplante Grunewalder Uferwanderweg ist hier auf 210 m Länge angelegt.

Wir überqueren die Koenigsallee um in die Delbrückstraße zu gelangen. Ab der Delbrückstraße 2a besteht wieder ein zusammenhängender öffentlicher Wanderweg am Herthasee entlang unter der Bismarkbrücke hindurch zum Hubertussee. Der Weg führt weiter über Hubertusbader Straße, Carl-Ludwig-Schleich-Promenade und Franzensbader Straße.

Delbrückstraße

1891 benannt nach dem preußischen Staatsmann Martin Friedrich Rudolph von Delbrück

Bismarckallee

Otto Fürst von Bismarck gilt als Mitgründer der Villenkolonie Grunewald und so wurde eine der Hauptalleen der Kolonie am 24.1.1898 nach ihm benannt. Nur kurze Zeit darauf, am 30.7.1898, verstarb Bismark. Die Allee führt zum Bismarckplatz, wo auf einem hohen Sockel eine überlebensgroße Statue von ihm steht.

Bismarckbrücke (Baudenkmal)

1891 als Straßenbrücke erbaut. Sie überquert die Rinne zwischen Hertha- und Hubertussee. Sie hat eine gemauerte Unterkonstruktion, eiserne Gitterbrüstungen und dekorative Brückenwangen aus Buntsandstein, geschmückt mit Sphinxen, Vasen und Obelisken des Bildhauers Max Klein.

Der Hubertussee

Der Hubertussee ist von Osten gesehen der erste in der Reihe der kleinen Seenkette, die 1889 beim Ausbau der Villenkolonie Grunewald künstlich angelegt wurden – hier mit einer kleiner Insel. Am Hubertussee ist der geplante Grunewalder Uferwanderweg auf einer Länge von 730 m angelegt.

Hubertusallee

1898 benannt nach dem Schutzpatron der Jagd

Hubertussportplatz

Franzensbader Straße

1891 benannt nach dem böhmischen Heilbad.

Wir biegen von der Franzensbader Straße in die Reinerzstraße ab und erreichen nach kurzer Zeit die Auguste-Viktoria-Straße und den Hohenzollerndamm

Reinerzstraße

1891 benannt nach dem Kurort Bad Reinerz, heute Duszniki Zdroj, in Polen.

Auguste-Viktoria-Straße

1891 benannt der deutschen Kaiserin und Königin von Preußen, der Gemahlin Wilhelms II.

Nr. 74–78 Israelische Botschaft

Die Botschaft wurde eingeweiht am 09.05.2001, dem 53. Jahrestag der Unabhängigkeit Israels.

Der Neubau für die Botschaft wurde 1999–2001von Orit Willenberg-Giladi gebaut. Es ist ein expressionistischer Bau mit einer durch sechs verschiedenartige Baukörper gegliederten Fassade. Die Baukörper erinnern an monumentale Skulpturen. Einem verglasten Riegel ist eine Fassade aus hellem Muschelkalk vorgelagert. Das Dach ist kupferverkleidet, konkav gebogen. Durchzogen und überragt wird

das Gebäude von einer gebogenen Wand aus Natursteinen aus Israel, aus sogenanntem Jerusalem marble.

Im Konzept der israelischen Architektin heißt es: »*Mit dem Entwurf soll der inneren Komplexität und Symbolik, die eine Repräsentanz des Jüdischen Staates im geeinten Berlin darstellt, Rechnung getragen werden. Gleichermaßen sollen sowohl der tragische historische Hintergrund als auch die engen Beziehungen, die zwischen den beiden Ländern bestehen, berücksichtigt werden, ohne dass der eine Aspekt den anderen überlagert.*« Dieser Aspekt der Verknüpfung von Historischem und Zeitgenössischem zeigt sich auch in der Beziehung des Neubaus zu dem Altbau.

Die Botschaftsresidenz wurde im Altbau untergebracht. Dieses Haus wurde 1929/30 als Villa mit heller Muschelkalk-Fassade vom Karstadt-Baubüro für den jüdischen Kommerzienrat Herrmann Schöndorff erbaut. Dieser musste die Villa 1934 zwangsweise verkaufen und nach Paris emigrieren. In dem Haus wurde nach dem Krieg das Oberlin-Seminar des Diakonischen Werkes untergebracht. 1998 hat der Staat Israel das ca. 9000 m² große Grundstück einschließlich der Villa erworben.

Hohenzollerndamm

1900 als breite Prachtstraße angelegt und benannt nach dem preußischen Herrschergeschlecht.

Kreuzkirche

1927–29 zusammen mit Pfarrhaus von Ernst und Günther Paulus erbaut. Die Kirche ist ein Hauptwerk des norddeutschen Expressionismus, ein oktogonaler blauvioletter Klin-

kerbau mit einem bemerkenswerten querrechteckigen, dreigespitzten Turm und einen von Felix Kupsch gestalteten pagodenähnlichen, leuchtend blau majolikaverkleideten Portalvorbau. Zwischen dem Turm mit Brauthalle im Erdgeschoss und dem eigentlichen Kirchenraum liegt ein schmaler Verbindungsgang. Ein hohes, weißes Porzellankreuz schmückt den Altarraum.

Wir begeben uns nun in die Forckenbeckstraße, später biegen wir links ab in die Cunostraße, dann rechts in die Fritz-Wildung-Strasse.

Regenrückhaltebecken Forckenbeckstraße

Das Becken dient ausschließlich der Bewirtschaftung der Wassermengen im Regenfall und hat keinen Reinigungseffekt. Deshalb wird bei Erreichen eines bestimmten Wasserstandes im Becken das Wasser in die Schmutzwasserkanalisation abgelassen und nicht in den Hubertussee geleitet.

Es ist geplant, hier – wie am Halensee – eine Bodenfilteranlage zu bauen. Das Vorhaben ist allerdings wegen der geringen Haushaltsmittel vorerst nicht realisierbar.

Forckenbeckstraße

1892 benannt nach dem Politiker Maximilan Franz August von Forckenbeck (1821–1892) der von 1878 bis 1892 Oberbürgermeister von Berlin war.

Cunostraße

1891 benannt nach Rudolf Cuno (1827–1895), dem Direktor der früheren städtischen Gaswerke, die für die »Erleuchtung Berlins« angelegt worden waren.

Sportgelände
Sommerbad Wilmersdorf

Die Sportanlagen wurden auf dem Gelände des früheren großen Schmargendorfer Gaswerks das nach dem Ersten Weltkrieg abgetragen wurde, errichtet.

Das Stadion Wilmersdorf wurde 1948–51 aus einer Million Kubikmeter Trümmerschutt für 50 000 Zuschauer erbaut. Eine Besonderheit ist der 1984 auf den Tribünen der Nordkurve mit Reben des Partnerlandkreises Rheingau-Taunus angelegte Weinberg. Die Trauben werden nach der Ernte in den Rheingau gebracht, wo dann die »Wilmersdorfer Rheingauperle« entsteht.

Die Werner-Ruhemann-Sporthalle wurde 1961–64 erbaut, dann am 22.4.1993 durch Brandstiftung zerstört, aber am 26.11.1994 nach Wiederaufbau wieder eröffnet.

Das Horst-Dohm-Eisstadion wurde 1971–1974 von Werner Deyle erbaut und am 29.11.1974 eröffnet. Im Oktober 2000 wurde die Anlage nach dem früheren Wilmersdorfer Bezirksbürgermeister Horst Dohm benannt. Das Stadion bietet eine 6 170 m² große Eisfläche sowie eine olympiagerechte 400 m-Eisschnelllaufbahn auf der 1985 das erste Eisschnelllauf-Weltcuprennen in Deutschland stattfand. Des weiteren gibt es einen Schlittschuhverleih, Eislauf-Shop und ein Restaurant.

Die Horst-Käsler-Sporthalle wurde 1991 errichtet.

Das Sommerbad Wilmersdorf ist vielen Wilmersdorfern noch als »Lochowbad« bekannt, obwohl der frühere Lochowdamm schon 1968 nach dem Tischler und Arbeitersportfunktionär Fritz Wildung (1872–1954) in Fritz-Wildung-Straße umbenannt wurde.

Wir überqueren über den »Hohen Bogen« erneut die A100 und anschließend die Rudolstädter Straße die uns zum Fennsee führt. Der Mannheimer Straße folgend biegen wir links ab in die Blissestraße, dem Endpunkt des Kieszspazierganges.

Hoher Bogen

1974 erbaute Fußgängerbrücke über die Ringbahn und die Stadtautobahn zwischen den S-Bahnhöfen Hohenzollerndamm und Heidelberger Platz.

Rudolstädter Straße

1911 benannt nach der thüringischen Kreisstadt Rudolstadt.

Der Fennsee

Der Fennsee dient als sogenannte Vorflut für die Straßenentwässerung. Er nimmt die Abwässer der dreifachen Fläche im Vergleich zum Halensee auf. Jeden Sommer steht er wegen Sauerstoffmangel vor dem Kollaps und kann durch den durch die Schwefelwasserstoffbildung entstehenden Ge-

ruch zur Naherholung nur noch eingeschränkt genutzt werden. Die den See umgebende Parkanlage belastet durch jahrelang reduzierte Pflege zusätzlich die Wasserqualität.
Als letztes Glied in der Kette der kleinen Grunewaldseen, und zudem vollkommen im städtischen Bereich liegend, ist der Fennsee vergleichbar belastet wie der Halensee – wenn nicht sogar stärker.

Nicht zuletzt die starke Verschattung und die gewaltigen Laubmassen, die durch den dichten Bestand jeden Herbst den See belasten, haben mit zu der schlechten Wasserqualität des Sees beigetragen.
Zur Verbesserung der Wasserqualität des Fennsees wurden vom Umweltamt Gelder aus dem Umweltförderprogramm beantragt, und zwar für …

- die Teilentschlammung des Fennsees mit Sedimentkonditionierung
- die Herstellung der Anbindung über Kanäle der BWB an den Landwehrkanal zum Abfluss
- die Ertüchtigung eines Grobfilters zur Reinigung der eingeleiteten Straßenabwässer
- die Wiederherstellung des Gartendenkmals um den Fennsee
- eine Röhrrichtanpflanzung

Mannheimer Straße

Friedrich-Ebert-Gymnasium

Das Friedrich-Ebert-Gymnasium wurde 1906 als »Hindenburgschule« eröffnet, erhielt später den Namen »Treitschke-Schule«, dann »Fichteschule«. Heute hat das Gymnasium mehr als 800 Schülerinnen und Schüler. Informatik wird hier als Abiturprüfungsfach angeboten, Englisch und Französisch als 1. oder 2. Fremdsprache, Latein in Kooperation mit dem Marie-Curie-Gymnasium.

Peter-A.-Silbermann-Abendgymnasium

Ebenfalls in dem Gebäude untergebracht ist die Peter-A.-Silbermann-Schule. Das älteste Abendgymnasium Deutschlands wurde 1927 gegründet. Es bietet kostenlosen Abendunterricht für Erwachsene an und führt zur Abiturprüfung.

Blissestraße Ecke Mannheimer Straße

Findling der Partnerstadt Forchheim

Bereits 1974 – noch zur Zeit des »Kalten Krieges« – hatte der Landkreis Forchheim eine Patenschaft mit Wilmersdorf – ursprünglich als Geste der Fürsorge – geschlossen. Denn den West-Berliner Bezirken sollte gezeigt werden, dass sie nicht vergessen waren. Aus der Unterstützung entwickelte sich eine lebendige Partnerschaft, so dass der Begriff Patenschaft bald nicht mehr zutraf. So stammt der Findling aus Forchheim. Er wurde aufgestellt, als die Partnerschaft mit Wilmersdorf 1991 offiziell mit einer Urkunde besiegelt wurde. Der Stein symbolisiert die Stärke eben dieser Partnerschaft, die auch heute zwischen Forchheim und dem Bezirk Charlottenburg-Wilmersdorf weiter besteht.

Blissestraße

1947 benannt nach der Wilmersdorfer Bauernfamilie Blisse

Nr. 18 Eva-Lichtspiele

Die Eva-Lichtspiele sind eines der ältesten Kinos in Wilmersdorf, auf jeden Fall das älteste der noch bestehenden. Es wurde 1914 als Ladenkino in einem Wohnhaus eingerichtet und hieß bis 1921 »Roland Lichtspiele«. Die kleinteilige farbige Verplättelung der Fassade mit dem schwungvollem Namenszug stammt aus den 50er Jahren. Das Kino bietet 250 Sitzplätze.

Die Eva-Lichtspiele konnten sich bis heute die Selbständigkeit erhalten und gehörten somit nicht zu einem großen Kinokonzern. Neben anderem stehen auch speziell Kinderfilme auf dem Programm.

Blisse 14

Blisse 14 existiert seit 1980 erfolgreich als Sozialtherapeutisches Zentrum und Café für Behinderte und Nichtbehinderte. Träger ist die Fürst-Donnersmark-Stiftung. Es gibt regelmäßig ein ausführliches Veranstaltungsprogramm.

SIGNAL
COMME

INA
BANK
COMMERZBANK

Adenauerplatz
Kurfürstendamm
Gisebrechtstraße
Leibnizstraße
Wielandstraße
Schlüterstraße
Bleibtreustraße
Knesebeckstraße
Uhlandstraße
Fasanenstraße
Meinekestraße
Joachimstaler Straße
Rankestraße
Breitscheidplatz

Kiezspaziergang
über den Kurfürstendamm

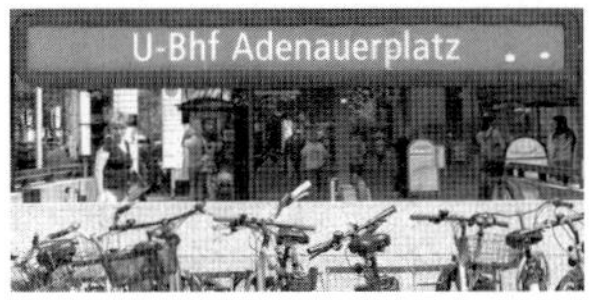

Ausgangspunkt des Kiezspaziergangs ist der Adenauerplatz

Kurfürstendamm

Der Kurfürstendamm ist eine der wenigen Straßen, bei denen der Name den Zweck bezeichnet, den sie ursprünglich auch erfüllte. Denn bis 1880 war er ein Knüppeldamm durch teilweise sumpfiges Gelände, den der König und die Kurfürsten benutzten, um vom Berliner Stadtschloss zur Jagd in den Grunewald zu gelangen. Bereits 1542 war dort das Jagdschloss Grunewald erbaut worden und dorthin führte ein ›Damm für die Kurfürsten‹. Schon auf alten Karten ist er als solcher eingetragen, als »Churfürsten-Damm« – geschrieben mit »Ch«. Im westlichen Teil von Halensee sind daher heute viele Querstraßen des Kurfürstendamms nach früheren Kurfürsten benannt: Albrecht Achilles, Hektor, Eisenzahn, Georg Wilhelm, Markgraf Albrecht, Cicero, Joachim Friedrich und Sigismund.

Nach Beendigung des deutsch-französischen Krieges und der Gründung des Kaiserreichs regte 1871 Reichskanzler Fürst Otto von Bismarck – frisch aus Paris kommend – den Ausbau des Kurfürstendamms zu einem Boulevard an. Am 5.2.1873 schrieb er an den Geheimen Kabinettsrat von Wilmowski:

Rechts: Das 2005 aufgestellte Adenauerdenkmal am gleichnamigen Platz.

»Auch die Straße am Kurfürstendamm wird nach den jetzt bestehenden Absichten viel zu eng werden, da dieselbe voraussichtlich ein Hauptspazierweg für Wagen und Reiter werden wird. Denkt man sich Berlin so wie bisher wachsend, so wird es die doppelte Volkszahl noch schneller erreichen, als Paris von 800.000 Einwohnern auf 2.000.000 gestiegen ist. Dann würde der Grunewald etwa für Berlin das Bois de Boulogne und die Hauptader des Vergnügungsverkehrs dorthin mit einer Breite

wie die der Elysäischen Felder durchaus nicht zu groß bemessen sein.«

1875 wurde die Breite des zukünftigen Kurfürstendamms per Kabinettsordre auf 53 m festgelegt – das ist knapp halb so breit wie die Champs-Èlysées. Bismarck legte besonderen Wert darauf, dass ein Reitweg erhalten blieb. Zunächst scheiterte aber die Finanzierung. Schließlich wurde jedoch ein Banken-Konsortium gebildet: die Kurfürstendamm-Gesellschaft. Diese erhielt als Ausgleich für die Finanzierung des Straßenausbaus die Vorkaufsrechte für 234 ha Grunewald. Denn: der Boulevard sollte nicht in einen Wald führen, sondern in eine Villenkolonie.

Seit 1883 wurde die Straße ausgebaut, am 5.5.1886 mit der Dampfstraßenbahnlinie Zoo–Kurfürstendamm–Grunewald eröffnet. Dies war in gewisser Weise der Geburtstag des Kurfürstendamms als Boulevard, und in rasantem Tempo veränderte sich der ehemalige Knüppeldamm. Innerhalb weniger Jahre wurde der Kurfürstendamm fast vollständig mit pompösen Mietshäusern bebaut. Diese waren reich mit Stuck verziert, an jeder Ecke mit prächtigen Türmen bekrönt und mit 10- und mehr Zimmer-Wohnungen ganz auf hochherrschaftlichen bürgerlichen Bedarf ausgerichtet. Die Fassaden zeigten alle stilistischen Spielarten von romanisch-mittelalterlich über rokoko, barock bis modern. Der Begriff »Kurfürstendamm-Architektur« bürgerte sich als Schimpfwort für überladene, geschmacklos-protzige kunterbunte Fassadengestaltung ein.
Innerhalb weniger Jahre wurde der Kurfürstendamm zum neuen Berliner Boulevard, zur »City-Filiale«, wie man bald sagte, weil viele berühmte Geschäfte, Cafés und Restaurants

aus der alten City hier moderne Filialen eröffneten – und bald waren die Filialen beliebter als die Originale. Der kaiserliche Staat versuchte zwar, gleich zu Beginn mit der Kaiser-Wilhelm-Gedächtniskirche und den Romanischen Häusern am damaligen Auguste-Victoria-Platz (seit 1947 Breitscheidplatz) einen monarchistischen Akzent zu setzen, aber der Kurfürstendamm wurde schnell zum modernen bürgerlichen Boulevard – bis in die 20er Jahre zwar mit einem Reitweg in der Mitte, jedoch preußische Standbilder hatten hier keinen Platz. Die moderne Geschäftswelt breitete sich ebenso aus wie die kulturelle Avantgarde. Wenn »die Linden« traditionsbewusst und national waren, dann war der Kurfürstendamm modern und international. Eine große Rolle spielten in den 20er Jahren hierbei die Kinos: In den großen Uraufführungskinos wie Marmorhaus, Gloria-Palast, Union-Palast, Capitol und Ufa-Palast am Zoo fanden glanzvolle Premieren statt. Die internationalen Filme waren zuerst hier am Kurfürstendamm im Original zu sehen und erst einige Wochen später dann in synchronisierter Fassung in den Häusern in der Friedrichstraße.

Spätestens in den 20er Jahren überflügelte die westliche City-Filiale die alte City. Thomas Wolfe nannte den Kurfürstendamm »das größte Caféhaus Europas«. Der Kurfürstendamm war die lebendigste, modernste, internationalste Straße Berlins geworden.

Adenauerplatz

Benannt wurde dieser Platz am 21.6.1973 nach dem ersten Bundeskanzler der Bundesrepublik Deutschland, Konrad Adenauer (geboren am 5.1.1876 in Köln, gestorben am 19.4. 1967 in Bad Honnef-Rhöndorf). Eine Woche nach dem Tod Adenauers war am 26. April 1967 der Kaiserdamm in Adenauerdamm umbenannt worden. Dies wurde jedoch wegen massiver Proteste am 15. Januar 1968 wieder zurückgenommen.

Der vormals namenlose Platz am Kurfürstendamm war Ende der 60er Jahre durch den Umbau der Straßenkreuzung entstanden. Zuvor mündete die Wilmersdorfer Straße direkt in den Kurfürstendamm.

Der Straßentunnel unter dem Kurfürstendamm wurde 1972 eröffnet, der U-Bahnhof 1978, angelegt als Kreuzungsbahnhof, denn ursprünglich sollte die Kurfürstendammlinie über den Bahnhof Uhlandstraße hinaus bis zum Henriettenplatz verlängert werden. Diese Planung wurde bislang nicht wieder aufgegriffen.

Im Rahmen der Untertunnelung des Kurfürstendamms wurde 1974 auch der Platz mit Pflasterung, Bäumen und Sitzbänken neu angelegt. Im Zentrum steht die Brunnenskulptur »Säule in der Brandung« von Brigitte und Martin Matschinsky-Denninghoff. Sie besteht aus Chromnickelstahl und einem flachen Rundbecken aus Stein. Im vorderen Teil des Platzes befindet sich seit kurzem eine Plastik* des Altbundeskanzlers und Namensgeber des Platzes Konrad Ade-

* Sie zeigt Adenauer in der historischen Szene beim Verlassen des Sitzes der Hohen Kommission auf dem Petersberg bei Bonn am 21.9.1949, wo er die Anweisung missachtete, nicht auf den Teppich zu treten, auf dem die Vertreter der Besatzungsmächte standen.

nauer. Diese Plastik wurde von der Bildhauerin Helga Tiemann geschaffen, von der Konrad-Adenauer-Stiftung errichtet und von der Wall AG finanziert.

An der Ecke Kurfürstendamm 70/Lewishamstraße baute Helmut Jahn 1992 bis 1994 das schmalste Bürogebäude Berlins auf einem nur 2,5 Meter tiefen Grundstück. Zur Vergrößerung der Grundfläche kragt das Gebäude ab der ersten Etage fünf Meter vor. Die ungewöhnliche Form des Grundstücks resultiert aus dem Abriss eines Hauses im Zuge der Straßenverbreiterung und der Untertunnelung des Kurfürstendamms. Mieter des mit einer Stahl-Glasfassade versehenen Gebäudes sind vor allem Anwaltskanzleien.

Kurfürstendamm Nr. 68
Hotel Kurfürstendamm

IN DIESEM HAUSE
DEN DAMALIGEN ALHAMBRA-LICHTSPIELEN
ERLEBTEN DIE BESUCHER
AM 17. SEPTEMBER 1922
DIE WELTURAUFFÜHRUNG DES ERSTEN TONFILMS
DIE DEUTSCHE ERFINDERGEMEINSCHAFT TRI ERGON
DR.JO ENGL
DR.-ING.E.H.JOSEPH MASSOLLE
DR.H.C.HANS VOGT
HAT MIT IHREM HEUTE NOCH ANGEWANDTEN
LICHTTONVERFAHREN DIE TECHNISCHEN GRUNDLAGEN
FÜR DEN TONFILM GESCHAFFEN
GEWIDMET VON FRIEDRICH JAHN
17. SEPTEMBER 1964

Das Kino Alhambra war kein besonders bedeutendes Kino, und an die Aufführung des ersten Tonfilms im Jahr 1922 kann sich niemand mehr erinnern. Es war ein Experimentalfilm, der lediglich gedreht wurde, um die neuen technischen Möglichkeiten zu präsentieren. Der Tonfilm stieß zunächst auf heftigen Widerstand. Kritiker befürchteten einen Niedergang der Schauspielkunst, und die Künstlergewerkschaft einen Verlust an Arbeitsplätzen, vor allem für die Orchestermusiker, die in den großen Kinos zu den Aufführungen spielten. Auf Plakaten stand zu lesen: *»Der Tonfilm verdirbt Gehör und Augen«* oder *»Der Tonfilm ohne Beiprogramm mit lebenden Künstlern wirkt nervenzerrüttend!«* Wie so häufig kam die deutsche Erfindung erst über den Umweg Amerika als bahnbrechendes Erfolgsmodell zurück. Nach der Premiere von »The singing fool« am 10. Juni 1929 im Gloria-Palast gab es kein Halten mehr. Innerhalb kürzester Zeit verschwanden die Stummfilme aus dem Programm und viele neue Produktionen reizten als Musikfilme die durch den Tonfilm entstandenen technischen Möglichkeiten aus. Die Ufa schloss sich dem Trend an: Am 1.April 1930 wurde – ebenfalls im Gloria-Palast – »Der blaue Engel« uraufgeführt und mit Marlene Dietrich ein Weltstar für das Kino geboren.

Das Kino wurde 1949 noch kurze Zeit unter dem Namen »Bonboniere« weitergeführt, 1951 umgebaut zum Hotel und Weinrestaurant »Tusculum« mit Tanzbar »Petit Palais«, danach **Hotel »Kurfürstendamm«**, Ausbildungsstätte des Hotel- und Gaststättengewerbes.

Clausewitzstraße

Die Straße wurde 1906 benannt nach dem preußischen General und Kriegstheoretiker Karl Philipp Gottfried von Clausewitz (1780 -–1831).

Kurfürstendamm Nr. 170

Seit 1969 residiert das bekannte **Fotostudio Urbschat** am Kurfürstendamm. Gegründet wurde es von dem Fotografen Horst Urbschat. Inzwischen wird es von seinen beiden Töchtern Daniela und Nicole Urbschat weiter geführt und ist vor allem bei Prominenten beliebt.

Kurfürstendamm Nr. 65

Im September 2003 wurde hier das Kino »**Hollywood**« geschlossen – eine unter vielen Kinoschließungen in der City West.

Kurfürstendamm Nr. 63

Hier wurde im Mai 2000 das **Kaffeehaus Berlin** eröffnet. Die Berliner Presse begrüßte es als die *»neue Heimat aller Kranzler-Vertriebenen«*.

Giesebrechtstraße

Die Straße wurde 1904 nach dem Historiker Wihelm von Giesebrecht (1814–1889) benannt. Dieser war bis 1837 als Professor am Joachimsthalschen Gymnasium in Berlin tätig.

In der Giesebrechtstraße befand sich seit 1935 das Kino »**Die Kurbel**«. Im Jahr 2003 musste es wie viele andere Kinos der City West schließen. Jedoch in diesem Fall gab es eine gute Nachricht, denn im Januar 2004 wurde es wieder eröffnet.

Leibnizstraße

Die Straße wurde 1869 nach dem Philosophen und Mathematiker Gottfried Wilhelm Freiherr von Leibniz (1646–1716) benannt.

Vom Lehniner Platz bis zur Leibnizstraße und dem Olivaer Platz verlief früher mitten über den Kurfürstendamm die Grenze zwischen den Bezirken Charlottenburg und Wilmersdorf. Die nördlichen Grundstücke gehörten zu Charlottenburg, die südlichen zu Wilmersdorf. Ab hier bis zum Breitscheidplatz gehörte der Kurfürstendamm vollständig zu Charlottenburg, die Bezirksgrenze nahm ihren weiteren Verlauf entlang der Lietzenburger Straße. In Halensee – vom Lehniner Platz bis zum Rathenau-Platz – gehörte der Kurfürstendamm ehemals zu Wilmersdorf. Nach der Fusion der beiden Bezirke liegt der Kurfürstendamm mitten in Charlottenburg–Wilmersdorf.

Walter-Benjamin-Platz

Der Platz wurde 1999 nach dem Philosophen und Schriftsteller Walter Benjamin (1892–1940) benannt. Von ihm stammt unter anderem die »Berliner Kindheit um 1900«. Eine Gedenktafel für ihn befindet sich an dem Haus Prinzregentenstraße 66, wo er von 1930 bis 1933 lebte.

Leibnizstraße Ecke Kurfürstendamm: Der Schwanenkükenbrunnen von August Gaul

Die Leibniz-Kolonnaden wurden 1998–2000 von Hans Kollhoff und Helga Timmermann erbaut. Auf dem seit der Jahrhundertwende brach liegenden und lange als Parkplatz genutzten Gelände entstanden achtstöckige Wohn- und Geschäftshäuser. Der Entwurf löste eine heftige Diskussion aus, die den Baubeginn um mehr als zehn Jahre verzögerte. Der preußisch-strenge Entwurf gewann in einem Wettbewerb unter anderem gegen einen völlig anderen Entwurf des Architekten Hinrich Baller, der in dessen verspielt-südländischen Stil gehalten war.
Auf dem Dach wurde einen Kindergarten eingerichtet.

Der öffentliche Stadtplatz ist 32 mal 108 Meter groß. Es gibt eine computergesteuerte Wasserfontäne und einen einzelnen Kastanienbaum. Dieser Baum musste durch die Tiefgarage hindurch im Erdreich verwurzelt werden. Der Platz ist

eingefasst von strengen Steinfassaden in grau-grünem Granit mit durch Art-Deco-Lampen beleuchteten Säulengängen.
Im August 2003 gründete die IVG Immobilien AG hier nach dem Münchner Vorbild den Berliner Viktualienmarkt.

Wielandstraße

1885 benannt nach dem Schriftsteller Christoph Martin Wieland (1733–1813)

Kurfürstendamm Nr. 186

IN DIESEM HAUSE WOHNTE
DER KOMPONIST
RUDOLF NELSON
1922–1932

Rudolf Nelson war einer der berühmtesten Komponisten, Pianisten, Revue-Künstler und Unternehmer der geistreichen Unterhaltungsbranche in den 20er Jahren. Er wurde 1878 in Berlin geboren und starb 1960 ebenfalls in Berlin. Sein Theater befand sich an der Ecke Fasanenstraße dort, wo später das Astor-Kino einzog.

Kurfürstendamm 59/60
Ecke Leibnizstraße

1905–07 von den Architekten und Bauherren Hans Toebelmann und Henry Gross erbaut. Das fünfgeschossige Eckhaus ist Teil eines Ensembles von vier Mietshäusern. Dem üppig mit Erkern, Balkonen, Loggien, Ziergiebeln und kupfernen Kuppeln geschmückten Äußeren entsprach im Inneren der luxuriöse Zuschnitt der jeweils zwei auf einem Geschoss befindlichen Wohnungen mit je elf Zimmern, davon sechs besonders aufwendig ausgestattete Gesellschaftszimmer, auf 580 m^2. In den 1920er Jahren wurde das Erdgeschosses in eine Ladenzone umgewandelt. Heute sind die Wohnungen in mehrere kleinere unterteilt. – Prägnantes Beispiel eines großbürgerlichen Mietshausbaus der Jahrhundertwende am Kurfürstendamm.

Kurfürstendamm Nr. 52

Wohnhaus von
ROBERT KOCH
11.12.1843 – 27.5.1910
Arzt, Begründer der Bakteriologie
Entdecker der Erreger von Tuberkulose und Cholera
Ehrenbürger der Stadt Berlin

Schlüterstraße

1885 benannt nach dem Bildhauer und Architekten Andreas Schlüter (1659–1714), der unter anderem das Berliner Zeughaus, große Teile des Berliner Schlosses, das Stadtschloss Potsdam und das heute vor dem Schloss Charlottenburg stehende Reiterdenkmal des Großen Kurfürsten schuf.

Teilansicht Kurfürstendamm 190 Ecke Schlüterstraße 4

Kurfürstendamm Nr. 190

Auf Grund der von 2003 bis 2004 durchgeführten Sanierung des Jugendstilhauses mussten die prominenten Lokale »Wellenstein« und »Reinhard's« ausziehen. Inzwischen hat u. a. der Juwelier Bulgari hier seine Geschäftsräume.

George-Grosz-Platz

1983 benannt nach dem Maler und Grafiker George Grosz (1893–1959).

Dreiecksplatz mit zwei Einmündungen zur Schlüterstraße. Der Platz wirkt dadurch wie eine Verkehrsinsel.

Kurfürstendamm Nr. 50

Hier lebte von 1932 bis 1965
MICHAEL BOHNEN
Köln 2.5.1887 – 26.4.1965 Berlin
Kammersänger und Opernindendant
Debütierte 1910 als Opernsänger in Düsseldorf,
danach Erfolge in Berlin, Bayreuth und London,
1922–1932 Star der Metropolitan Opera in New York,
1945–1947 Intendant der Städtischen Oper Charlottenburg,
erhielt 1952 den Goethepreis der Stadt Berlin

Die an dem Gebäude angebrachte Gedenktafel wurde am 2.5.2002 enthüllt.
Bohnen hatte nach dem Zweiten Weltkrieg als Intendant unter schwierigen Bedingungen die damalige Städtische Oper Char-

Das Ensemble am George-Grosz-Platz

lottenburg (heute Deutsche Oper Berlin) wieder aufgebaut. Spielstätte war, bis zum Einzug in den 1961 von Fritz Bornemann an der Bismarckstraße geschaffen Neubau, das Theater des Westens. Ein leidenschaftlicher Verehrer von Michael Bohnen, Josef W. Kley aus Köln, finanzierte die Gedenktafel.

Ebenfalls in diesem Haus eröffnete im Juli 2001 das renommierte internationale Auktionshaus Philipps seine Berliner Repräsentanz.

Kurfürstendamm Nr. 193–194

Früheres Haus Cumberland, ehem. Oberfinanzdirektion

1911/12 hat Robert Leibnitz, Architekt des ursprünglichen Hotel Adlon, dieses Haus als »Boarding-Palast« erbaut. Der riesige Gebäudekomplex reicht vom Kurfürstendamm bis zur Lietzenburger Straße. Das Konzept, den Gästen mehrzimmerige Suiten mit eigenen Hausdienern zur Verfügung zu stellen, ging nicht auf; 1913 musste noch vor Eröffnung Konkurs angemeldet und das Mobiliar versteigert werden. Bis zum Ausbruch des Ersten Weltkriegs wurde das Haus als Luxushotel unter dem Namen »Cumberland« betrieben. Es hatte 700 Betten, prächtige Festsäle, eine Badeanstalt unter dem Dach und es befand sich dort das »Café Kugler« mit Kurfürstendamm-Terrasse.
1914 wurde hier das »Kaiserliche Waffen- und Munitionsbeschaffungsamt« (Wumba) untergebracht, seit 1936 wechselnde Ämter der Finanzverwaltung, zuletzt die Steuerabteilung der Oberfinanzdirektion. Die Immobilie war zur Hälfte im Besitz des Bundes und des Landes Berlin. Sie wurde im Dezember 2000 von der Fundus Gruppe erworben, um es als künftiges »Adlon des Westens« unter dem Namen »Cumberland Plaza« wieder zum Luxushotel auszubauen. Der vorgesehene Betreiber – der Kempinski-Hotel-Konzern –

zog sich allerdings im April 2001 zurück. Nach der Annullierung des Kaufvertrages erfolgte Anfang 2002 eine neue Ausschreibung. Seit dieser Zeit steht der größte Teil des Hauses leer.
Derzeit wird das Gebäude häufig für Filmaufnahmen vermietet, nicht zuletzt um zumindest die Betriebskosten in Höhe von 500.000 EUR pro Jahr wieder einzuspielen.
Die edle Ausstattung mit reichverzierten Stuckdecken, Edelholzvertäflungen und Deckengemälden ist teilweise erhalten – beispielsweise zu sehen sind in dem an der Lietzenburger Straße gelegenen Festsaal das neobarocke Deckengemälde, sowie die lindgrüne Wandbespannung aus den 1950ern, als dieser Gebäudeteil als Kino diente.

Bleibtreustraße

1897 benannt nach dem Schlachtenmaler Georg Bleibtreu (1828–1892).

Kurfürstendamm Nr. 45

Das Juwliergeschäft Axel Sedlatzek wurde wiederholt Opfer von Raubüberfällen, bei denen erst Autos in die Schaufenster gelenkt wurden um dann die Auslagen zu plündern. Im September 2001 setzte man, um weitere Angriffe zu verhindern, vor dem Gebäude Poller ein.

Kurfürstendamm Nr. 44

Hier plant die Historische Kommission zu Berlin eine Gedenktafel anzubringen, die an das Historiker-Ehepaar Otto und Hedwig Hintze erinnern soll. Der Text wird lauten:

> Hier lebte und arbeitete von 1912 bis 1933
> das Historiker-Ehepaar
>
> Otto Hintze
> 27.8.1861 – 25.4.1940
> Hedwig Hintze geb. Guggenheimer
> 9.2.1884 – 19.7.1942
>
> »So harren wir der dunklen Schicksalswende,
> Die dies verworrene Trauerspiel beende!«

Aus einem Sonett Otto Hintzes
für seine Frau Hedwig vom 3.1.1940

Die NS-Rassegesetze zwangen Hedwig Hintze zur Emigration. Im holländischen Exil setzte sie, von der Deportation in ein Vernichtungslager bedroht, ihrem Leben ein Ende. Ihr Mann war hoch betagt in Berlin zurückgeblieben, wo er einsam starb.

Kurfürstendamm Nr. 200

In diesem Haus hatte in den 20er Jahren der Reichsbund jüdischer Frontsoldaten seinen Sitz. Er wurde unmittelbar nach dem Ersten Weltkrieg gegründet und und eines seiner Ziele war es, sich gegen Vorwürfe zu wehren, Juden hätten sich während des Krieges gedrückt. Er konnte zum Beispiel nachweisen, dass im Ersten Weltkrieg – gemessen an ihrem Anteil an der Gesamtbevölkerung – mehr jüdische als nichtjüdische deutsche Soldaten gefallen waren. Als eine Vereinigung politisch konservativer Juden setzte er sich aber auch für einen Einwanderungsstopp armer Ostjuden aus Polen und der Sowjetunion ein, denn man vertrat die Ansicht, eine zu große Zuwanderung dieser Personengruppe stärke den Antisemitismus in Deutschland. 1938 wurde der Reichsbund jüdischer Frontsoldaten von den Nationalsozialisten aufgelöst.

Knesebeckstraße

Die Straße wurde 1866 nach dem preußischen Generalfeldmarschall Karl Friedrich Freiherr von dem Knesebeck (1768–1848) benannt.

Kurfürstendamm Nr. 37

Das Haus wurde 1904 von Kurt Berndt erbaut. Der bekannte Gastronom August Aschinger lebte hier. 1990 wurde das Gebäude für 20 Millionen DM aufwändig restauriert.

Kurfürstendamm Nr. 208/209

Kudamm-Karree

Am Gebäude ist eine Gedenktafel angebracht:

> Hier befand sich von 1905 bis 1914
> das zweite Ausstellungsgelände der
> BERLIN SECESSION
> 1898 - 1932
> die für Entwicklung der modernen Kunst in Deutschland
> von wesentlicher Bedeutung war.

Die **Berliner Secession** war eine wichtige Institution der kulturellen Avantgarde. Hier stellten die Maler aus, die in Opposition zur kaiserlichen Kunstpolitik standen. Kaiser Wilhelm II verteufelte ihre Werke als *»Rinnsteinkunst«* – eine Äußerung die eine der heftigsten Kunstdebatten der Kaiserzeit auslöste. Letztlich gingen in dieser Diskussion jedoch die Maler der Secession als Sieger hervor.

In einem Berlin-Führer von 1905 hieß es:
»Secession, Kurfürstendamm 208. Nicht national, aber kunstfördernd. Merkwürdigerweise in Mode. Vorsitzender Max Liebermann. Regelmäßige Sommerausstellungen von Mai bis September. Klein, aber gewählt. International und doch einseitig. Vorherrschaft Liebermanns und der impressionistischen Landschaftsmalerei. Offiziere erscheinen in Zivil.«

Ein schärferer Gegensatz zum monarchischen Auguste-Viktoria-Platz, wo am 2. September, dem Sedantag mit militärischem Pomp die Kaiser-Wilhelm-Gedächtniskirche eingeweiht worden war, ließ sich kaum vorstellen. *Hier* hatten Offiziere in Zivil zu erscheinen.
Hier wurden Ausstellungen gezeigt von Walter Leistikow, Käthe Kollwitz, Max Beckmann, Emil Nolde, Wassily Kandinsky, Paul Klee, Oskar Kokoschka, Ernst Barlach, Claude Monet, Edouard Manet, Edvard Munch, Georg Kolbe und 1912 erstmals in Deutschland Pablo Picasso – also nahezu alle, die wir heute als Repräsentanten der klassischen Moderne kennen.
1915 zog die Secession um an den Kurfürstendamm 232, also noch näher zur kaiserlichen Gedächtniskirche. Am Kurfürstendamm 208/209 wurden 1921 das »Theater am Kurfürstendamm« eröffnet, sowie 1924 die »Komödie«.

Zunächst wurde das **Theater am Kurfürstendamm** 1921 im Haus der Berliner Secession eröffnet, 1928 wurde es unter der Direktion von Max Reinhardt von Oskar Kaufmann an gleicher Stelle ein Neubau errichtet. Auch andere Berliner Theatergebäude, darunter das Renaissancetheater und die Volksbühne am Rosa-Luxemburg-Platz im Bezirk Mitte, wur-

den von Kaufmann erstellt. Der nahezu kreisrunde Zuschauerraum mit in den Wänden eingeschnittenen Logen besteht im Kern noch heute. 1936 übernahm Hans Wölffer die Direktion. Nach teilweiser Kriegszerstörung wurde es nach 1945 wieder aufgebaut und diente von 1949 bis 1963 der Freien Volksbühne als Spielstätte. Im Februar 1963, kurz bevor das neue Haus der Freien Volksbühne in der Schaperstraße eröffnet wurde, wurde hier der »Stellvertreter« von Rolf Hochhuth in der Regie von Erwin Piscator uraufgeführt. Später kam das Theater wieder unter die Leitung der Familie Wölffer. Bei der Errichtung des Kudamm-Karrees 1969–74 wurde der gesamte Bau in das neue Hochhaus integriert. Der Spielplan bietet heute klassisches Boulevardtheater.

Das ursprüngliche Haus der **Komödie** wurde 1924 an der gleichen Stelle ebenfalls nach den Plänen von Oskar Kaufmann gebaut und unter der Leitung von Max Reinhardt mit dem Goldoni-Stück »Der Diener zweier Herren« eröffnet. Nachdem Reinhardt 1932 die Direktion niederlegte, wechselte die Theaterleitung in der folgenden Spielzeit sechs Mal. Seit 1934 obliegt die Komödie mit nur kurzen Unterbrechungen der Direktion der Theater-Dynastie Wölffer. 1971/72 wurde die Spielstätte abgerissen und als Teil des Kudamm-Karrees neu erbaut. Umbauten gab es 1986. Der Spielplan umfasst die gesamte Palette des Unterhaltungstheaters.

Das Kudamm-Karree wurde von 1969 bis 1974 als Gebäudeensemble von der Architektin Sigrid Kressmann-Zschach auf einem 20 000 m^2 großen Areal als ein 20-geschossiges Hochhaus im Zentrum erbaut. Sie wurde auch bekannt – und berüchtigt – durch den Bauskandal um den Steglitzer Kreisel. Insgesamt gibt es im Kudamm-Karree 40.000 m^2 Büro- und Geschäftsfläche, ein Parkhaus, Restaurants und die beiden bereits genannten Theater Komödie und Theater am Kurfürstendamm. Der Grundriss ist wenig gelungen. Es handelt sich mehr um eine Anhäufung der Baukörper statt eines konzeptionell einheitlichen Gesamtentwurfs. Die unzureichende Erschließung durch Passagen und Galerien machte bereits ein Jahr nach der Fertigstellung kostspielige Umbauten notwendig, in den Folgejahren waren hohe Zuschüsse durch das Land nötig. Im Hochhaus war bis zu ihren Umzug nach Alt-Friedrichsfelde die Berliner Fachhochschule für Verwaltung und Rechtspflege untergebracht – eine Art indirekte Subventionierung des Gebäudes durch den damaligen Berliner Senat.

Seit 1999 gibt es auf 7.000 m^2 die multimediale Berlin-Ausstellung »The Story of Berlin«, zu der auch die Besichtigung eines Atom-Bunkers gehört.

Kurfürstendamm Nr. 211

Maison de France

Das Haus wurde 1897 von W. Klopsch als Mietwohnhaus erbaut; 1927–29 im Stil der Neuen Sachlichkeit von Hans und Wassili Luckhardt und Alfons Anker umgebaut zum »Haus Scharlachberg«. Nach den Kriegsschäden wurde es von

1948 bis 1950 durch die französische Militärregierung Berlins nach Plänen von Hans Semrau als französisches Kulturhaus um- und teilweise neu gebaut. Entstanden ist ein schmuckloser Flachdachbau mit gerundeten Ecken und geschwungenen Formen. Vor allem im Innern ist es ein wichtiges Beispiel der frühen 1950er-Jahre-Architektur. Das Haus beherbergt das Institut Français, das Bureau du Théatre und das Kino Cinema Paris.

Das französische Kultur- und Informationszentrum bietet unter anderem Kulturprogramme, Sprachkurse, die Veranstaltung von Seminaren, Konferenzen, Lesungen und Ausstellungen. Eine Mediathek und Bibliothek enthält 13 000 Bände.

Das Bureau du Théatre wurde 1995 zum Zweck der Koordination und Unterstützung der theaterpolitischen Aktivitäten der in Deutschland beheimateten französischen Kulturinstitute gegründet. Seine Aufgabe ist die Förderung deutsch-französischer Theaterbeziehungen, die Organisation von Gastspielen französischer Ensembles und die Zusammenarbeit mit deutschen Theaterschulen. Kostenlos wird eine Untertitelungsanlage zur Verfügung gestellt. Gemeinsam mit dem Verlag der Autoren wird die Reihe »Scène«, eine Publikation mit Texten junger frankophoner Dramatiker in deutscher Übersetzung, herausgegeben. Jährlich werden vier Stipendien für Übersetzungen französischer Theatertexte vergeben.

U-Bhf. Uhlandstraße

Der Bahnhof der Kurfürstendammlinie wurde 1910–13 von Alfred Grenander gebaut. Da man eine Abwanderung der vermögenden Steuerzahler aus Charlottenburg befürchtete, verlangte die damals selbstständige Großstadt Charlot-

tenburg als Kompensation für die Linie 2 durch Wilmersdorf nach Zehlendorf den Bau einer U-Bahnlinie. Diese sollte ursprünglich unter dem gesamten Kurfürstendamm bis nach Grunewald führen. Der U-Bahnhof Adenauerplatz wurde als Kreuzungsbahnhof angelegt, um diese Option auch für die Zukunft offenzuhalten.

Kurfürstendamm Nr. 213

Hier befand sich von 1898 bis 2000 das bekannte Café Möhring. Die Schließung löste eine heftige öffentliche Debatte über den Niedergang der Caféhauskultur am Kurfürstendamm aus.
Seit 1982 residiert hier die Galerie Brusberg.

Kurfürstendamm Nr. 29

An dem Gebaüde ist eine Gedenktafel angebracht:

Hier – im IV. Stock des Hinterhauses –
lebte und arbeitete in ihrem Atelier
von 1919 bis 1976 die Malerin und Grafikerin
JEANNE MAMMEN
21.11.1890 – 22.4.1976
Im Mittelpunkt ihres Schaffens standen die
realistischen Schilderungen aus dem Berliner
Großstadtleben der zwanziger Jahre

Kurfürstendamm Nr. 27

Kempinski

Das Kempinski-Restaurant entstand in den Zwanziger Jahren als Filiale der bereits 1872 an der Friedrich-Ecke Taubenstraße ansässigen Weinhandlung mit angeschlossener Probierstube.

Der Name des Hotels, das zum Inbegriff für erstklassige Berliner Hotellerie wurde, geht auf die jüdischen Besitzer des an diesem Ort seit 1926 befindlichen Groß-Restaurants zurück. »Kempinski am Kurfürstendamm« war ein nobel ausgestattetes Speiserestaurant mit erträglichen Preisen, in dem täglich 2000 Gäste bewirtet wurden. Der Gründer Berthold Kempinski hatte die Idee der halben Portion zum halben Preis, einer »Sozialisierung des Luxus«, die er in seinen zahlreichen Lokalen verwirklichte.

1937 wurde das Hotel enteignet und »arisiert«, allerdings unter Beibehaltung des Namens. Erst 1994 wurde neben dem Hoteleingang Fasanenstraße eine Gedenktafel angebracht.

HIER STAND SEIT 1928 EIN KEMPINSKI-RESTAURANT.
ES WAR EIN WELTWEIT BEKANNTES SYMBOL BERLINER GASTLICHKEIT.
WEIL DIE BESITZER JUDEN WAREN,
WURDE DIESE BERÜHMTE GASTSTÄTTE 1937 »ARISIERT«,
UNTER ZWANG VERKAUFT.
ANGEHÖRIGE DER FAMILIE KEMPINSKI WURDEN UMGEBRACHT,
ANDERE KONNTEN FLIEHEN.
DAS 1952 ERÖFFNETE BRISTOL HOTEL KEMPINSKI
MÖCHTE, DASS DAS SCHICKSAL DER GRÜNDERFAMILIE
NICHT VERGESSEN WIRD.

Das heutige Hotel wurde 1951/52 von Paul Schwebes unter Beibehaltung der »runden Ecke«, die der historischen Bebauung entspricht, errichtet. Am 29.7.1952 als erstes nach dem Krieg neuerbautes Hotel in Berlin eröffnet, wurde es 1957 und 1965 erweitert.
Zu Gast waren unter anderen: Sophia Loren, der Dalai Lama, Michael Gorbatschow, Mick Jagger und Fidel Castro.

Bei einem Abstecher in die Fasanenstraße kann man das Jüdische Gemeindezentrum besichtigen.

Fasanenstraße 79–80

Hier befindet sich das 1957–59 von Dieter Knoblauch und Heinz Heise errichtete **Jüdische Gemeindezentrum**.
Seit 1912 stand auf dem Grundstück eine große Synagoge, diese wurde jedoch 1938 von den Nationalsozialisten angezündet und völlig zerstört. Von diesem ursprünglichen Gebäude ist heute nur noch das vor dem Eingang aufgestellte Portal zu sehen, der Rest der Ruine wurde 1957 für den Bau des neuen Gemeindezentrums abgerissen.
In Charlottenburg lebten 1933 fast 27.000 jüdische Bürgerinnen und Bürger – mehr als in jedem anderen Bezirk. Schon in den 20er Jahren richtete sich die Propaganda der Nationalsozialisten gegen den Kurfürstendamm als »verjudeten Boulevard«. Bereits in der Zeit vor der Machtübernahme inszenierten hier Schlägertrupps mehrmals Pogrome, den vorerst brutalsten am 12. September 1931, im Anschluß der in den Synagogen abgehaltenen Feier des jüdischen Neujahrsfestes. Als viele Menschen aus der Synagoge in der Fasanenstraße zum Kurfürstendamm strebten, mischten sich über 1500 SA-Leute unter die Passanten, brüllten Sprechchöre wie *»Juda verrecke! Deutschland erwache!«* und verprügelten jüdisch aussehende Passanten. Die Täter dran-

gen in jüdische Lokale ein, misshandelten Gäste, demolierten das Mobiliar und warfen Fensterscheiben ein. Am nächsten Tag beklagten liberale Zeitungen wie die Vossische, dass wieder einmal die Polizei viel zu spät eingriff und kaum etwas unternahm. Der Anführer des Pogroms war übrigens Wolf Heinrich Graf von Helldorf, der nach der Machtübernahme 1933 zum Berliner Polizeipräsidenten ernannt wurde.
23 SA-Leute wurden vor Gericht gestellt. Einer von ihnen sagte bei der Vernehmung: *»Wir wollten dem Kurfürstendamm einen Denkzettel geben.«*
Für die Nationalsozialisten verkörperte der Kurfürstendamm alles, was sie hassten: Internationalität, moderne Kultur, viele jüdische Geschäfte und Cafés, Kabaretts, Jazz, mo-

derne Gesellschaftstänze wie den Tango, Erotik und geistvoll-witzige Unterhaltung.
Besonders groß war der Anteil jüdischer Geschäfte in der Modebranche. Berühmt waren am Kurfürstendamm in den 20er Jahren das Pelzhaus Weißler (Nr. 29), Kovacs-Herrenausstatter (Nr. 30), Union-Herrenausstatter (Nr. 33), Damenmoden von Gerichter (Nr. 233) und Fleischhauer (Nr. 237), vor allem aber das Wäschehaus Grünfeld (Nr. 227 am heutigen Kudamm-Eck an der Joachimstaler Straße).
Den meisten Berlinerinnen und Berlinern wurde erst am 1. April 1933 bewusst, dass diese Geschäfte von jüdischen Eigentümern betrieben wurden. An diesem Tag organisierten die Nazis den sogenannten Judenboykott: Der Eingang zu den Geschäften wurde versperrt, an die Schaufenster wurden antisemitische Parolen geschmiert und Plakate geklebt, auf denen stand: *»Kauft nicht bei Juden!«*

Kurfürstendamm Nr. 217 Ecke Fasanenstraße

Astor-Kino

HIER SCHRIEB
ROBERT MUSIL
VON 1931 BIS 1933
AN SEINEM ROMAN
»DER MANN OHNE EIGENSCHAFTEN«

Das Haus an der Ecke Fasanenstraße wurde 1895/96 von Heinrich Mittag und Heinrich Seeling als Mietshaus erbaut. Es wurde Wohnsitz des weltberühmten Geigers Josef Joachim. 1921–28 befand sich in diesem Gebäude das von dem Komponisten und Pianisten Rudolf Nelson errichtete Nelson Theater, hier wurden die legendären **»Nelson-Revuen«** aufgeführt, und hier trat 1926 Josephine Baker auf. Im Erdgeschoss befand sich das Restaurant »Sanssouci«. Rudolph Möhring verband es 1934 mit dem ersten Obergeschoss und richtete darin ein Kino mit 500 Plätzen ein. Dieses wurde 1972 und 1993 umgebaut – zuletzt verkleinert auf 300 Plätze. Der Spielbetrieb wurde von 1934 bis 2002 – also auch während des Zweiten Weltkrieges – ununterbrochen aufrechterhalten. Zuletzt musste es jedoch wegen erhöhter Mietforderungen geschlossen werden. Danach übernahm ein Modegeschäft die Räume.

Kurfürstendamm Nr. 26

Filmbühne Wien

Mit der Schließung der Filmbühne Wien ging auch ein traditionsreiches Stück Berliner Kinogeschichte zu Ende. Eingeweiht mit Max Reinhardts »Insel der Seligen« entwickelte sich dieses Kino rasch zur Experimentierbühne für künstlerisch anspruchsvolle Filme und blieb bis zuletzt ein Premierenkino. Die erste Cinemascope-Leinwand Berlins wurde hier installiert und die Filmbühne in den 50er Jahren Spielort der Berlinale.

Das Haus wurde 1912–13 von Nentwich & Simon als eines der ersten reinen Lichtspielhäuser unter dem Namen »Union-Palast« im Stil des Wilhelminischen Klassizismus mit einer durch vier ionische Säulen und einem Dreiecksgiebel tempelähnlich gestalteten Fassade sowie einem Anbau errichtet. Unter dem Kinosaal befand sich ein großes Konzert-Café – das »Neue Café des Westens«. Seit 1924 gehörte das 850 Plätze umfassende Kino der UFA. Es erhielt den Namen

»UFA-Palast«, später geändert in »UFA-Theater«. Das Haus wurde nach Kriegszerstörungen bereits 1945 wieder instand gesetzt und erneut umbenannt in »Haus Wien«, das Kino in »Filmbühne Wien«. Bei einem weitern Umbau im Jahr 1953 erhielt als erstes Berliner Kino eine Projektionswand für Cinemascope-Filme. Für kurze Zeit in den 50er Jahren war es Spielort der Berlinale. 1979–1983 wurde das Areal in sieben kleine Kinosäle geteilt. Am 26.04.2000 wurde die Filmbühne Wien geschlossen, das Haus vollständig entkernt und für eine neue Nutzung als Geschäftshaus umgebaut.

Kurfürstendamm Nr. 25

Hier lebte von 1902 bis 1906 der berühmte Arzt und Begründer der Bakteriologie, Robert Koch. Am Kurfürstendamm 52, wo er danach bis zu seinem Tod im Jahr 1910 wohnte, ist zu seinem Gedenken eine Tafel angebracht.

Kurfürstendamm Nr. 220 Ecke Meinekestraße

AN DIESER STELLE WURDE
AM 29. JANUAR 1958
IN ANWESENHEIT DES
SENATOR FÜR VERKEHR UND BETRIEBE
DAS ERSTE STADTBÜRO LUFTHANSA
IN BERLIN NACH DEM KRIEG ERÖFFNET

DER SENAT DANKT
DER DEUTSCHEN LUFTHANSA AG
FÜR 30 JAHRE TREUE ZU BERLIN

EDMUND WRONSKI
SENATOR FÜR
VERKEHR UND BETRIEBE
BERLIN , DEN 29. JANUAR 1988

Bei einem weiteren Abstecher in die Meinekestraße kann man das Haus des ehemaligen Palästinaamt der Jewish Agency betrachten.

Meinekestraße

1899 benannt nach dem früheren Direktor des Joachimsthalschen Gymnasiums Johann Albrecht Friedrich August Meineke (1826–1857). Als Gräzist gehörte er zu den besten Kennern der griechischen Literatur.

Meinekestraße Nr. 10

In diesem Haus befanden sich Palästinaamt der
Jewish Agency
das bis zu seiner Schließung 1941
etwa 50000 Menschen zur Auswanderug verhalf

Zionistische Vereinigung für Deutschland
jüdische Rundschau
sowie andere zionistische Organisationen

1925 hatte die »**Jüdische Rundschau**« das Haus Meinekestraße 10 erworben und darin neben den eigenen Redaktionsräumen eine Reihe zionistischer Organisationen untergebracht. Zeitweise befanden sich in dem Gebäude bis zu 30 verschiedene Organisationen.

Die bedeutenste war das **Palästinaamt**, das für viele die Auswanderung nach Palästina ermöglichte und auch organisierte. Ab 1933 wurde dies es für viele Juden lebensrettend. 1938 zog das Palästinaamt in die Kantstraße 158, schräg gegenüber dem Theater des Westens.

Kurfürstendamm Nr. 224

Hier wurde im November 2000 Berlins größtes Intercafé eröffnet.

Kurfürstendamm Nr. 23

Die Arbeiten zu einem Ausstellungsprojekt des Heimatmuseums Charlottenburg–Wilmersdorf befassen sich derzeit mit der Geschichte des Kurfürstendamms – und zwar ***Haus für Haus****. Ein Begleitband zur gleichnamigen Ausstellung erscheint im Herbst 2005 im Text.Verlag edition Berlin.*

Am Kürfürstendamm hat nahezu jedes Gebäude eine spannende Geschichte zu erzählen. Deutlich wird durch das oben genannte Projekt vor allem, wie schnell sich von Anfang an der Wandel auf dem Boulevard vollzog. Typisch waren hier nicht so sehr die Traditionshäuser als vielmehr der schnelle Wechsel.
Beispielsweise die Schloß-Konditorei und Café, das Damenmodengeschäft Heden, eine Pilsner Urquell Klause, die Weinstu-

be Eugen Steinert, ein Silberwarengeschäft, eine Möbelfirma, das Pelzhaus Rudnik, den Modesalon Poldi, Optik-Photo-Geschäfte, Juweliergeschäfte, die Hotel-Pension Zoo-Eck, die Weinstuben Brechler, die Tanzschule Lucie Antoine, Tabakwaren Willi Birow, das Café Berlin, die Alte Klause und die Union-Klause waren Teil dieser Dynamik.

In den Bauakten finden sich häufig Beschwerden der Mieter. So auch 1919 die eines Hausbewohners über die Schweinehaltung in einem im Garten des Hauses errichteten Bretterschuppen durch den Wirt der Pilsner Urquell Klause, außerdem über die unerlaubte Haltung von Geflügel in zwei »Buden« im 2. Hof. Hinzu kamen auch noch ein Ziegenstall und eine Dungstelle.

Kurfürstendamm Nr. 18–21

Neues Kranzler Eck

1998–2000 errichtete der berühmte Chicagoer Architekt Helmut Jahn auf dem 20.000 m^2 großen so genannten Victoria-Areal das Neue Kranzler Eck. Dazu gehörte das alte Café Kranzler, der Altbau der Viktoria-Versicherung, die zweigeschossigen Ladenzeile an der Joachimstaler Straße und das ebenfalls an der Joachimstaler Straße gelegene ehemalige »bilka«-Kaufhaus, in dem sich heute Karstadt-Sport befindet. Auf dem Gelände entstand ein 16-geschossiger, 60 m hoher verglaster Baukörper mit Passage von der Kantstraße zum Kurfürstendamm. Den markanten Blickfang bildet eine spitz zulaufende, weit in den Straßenraum des Kurfürstendamms ragende 54 m hohe Kante mit der Lichtinstallation »Lichtburg« von Yann Kersalé. Im Zentrum des

Quartiers befinden sich zwei 22 m hohe kegelförmige Volieren mit mehr als 100 Sittichen, Fasanen, Enten. Offizielle Einweihung fand am 27. Dezember 2000 statt. In dem Komplex mieteten sich Einzelhandelsgeschäfte, gastronomische Einrichtungen und Büros ein. Im Innenhof gibt es einen Wochenmarkt sowie in den Monaten November und Dezember einen Weihnachtsmarkt.
Das Parkhaus »Neues Kranzler-Eck« wurde vom ADAC als »Benutzerfreundliches Parkhaus« ausgezeichnet. Es hat 560 Stellplätze und ist Tag und Nacht geöffnet.

Café des Westens

Bismarck gab zwar den Anstoß zum Ausbau des Kurfürstendamms als Boulevard, aber es entstand keine monarchische Prachtmeile. Hier gab es keine Denkmäler, keine Reiterstandbilder. Im Gegenteil: Hier etablierte sich sehr schnell ein Gegenpol zur offiziellen Kultur des Kaiserreichs. Einer der bekanntesten Orte dieser Gegenkultur entstand 1895 – in demselben Jahr, in dem die Gedächtniskirche eingeweiht wurde – direkt hier an der heutigen Kranzlerecke. Hier eröffnete das **Café des Westens**. Und dieses Café wurde sehr schnell Treffpunkt der kulturellen Avantgarde. Berühmtheiten wie Richard Strauss, Alfred Kerr, Christian Morgenstern, Frank Wedekind, Else Lasker-Schüler und Carl Sternheim verkehrten hier, vor allem aber auch Kritiker der Monarchie und Pazifisten wie George Grosz, Wieland Herzfelde, John Heartfield. Expressionistische Zeitschriften wie »Der Sturm« und »Die Aktion« wurden hier gegründet, der Malik-Verlag und die beiden ersten Kabaretts »Schall und Rauch« und das »Überbrettl«. Von Kritikern wurde das Café wegen seines wilden Publikums *»Café Größenwahn«* genannt, aber die Besucher ärgerten sich keineswegs, vielmehr übernahmen die Bezeichnung stolz für sich selbst.
Die Zeit des Café Größenwahn ging allerdings mit dem Ersten Weltkrieg zu Ende. Eine ähnliche Rolle übernahm in den 20er Jahren das »Romanische Café« im Romanischen Haus östlich der Kaiser-Wilhelm-Gedächtniskirche, dort, wo heute das Europa-Center steht.

Café Kranzler

1932 eröffnete am Kurfürstendamm das »Restaurant und Konditorei Kranzler« anstelle des früheren Cafés des Westens eine Filiale des Café Kranzler Unter den Linden. Nach der Kriegszerstörung entstand 1957/58 ein neues Café Kranzler in einem Neubau von Hanns Dustmann – ein markanter flacher Bau mit aufsitzender Rotunde und rot-weiß gestreifter Markise. 1958, nach der Wiedereröffnung, wurde das Kranzler schnell zum legendären Treffpunkt und Wahrzeichen der City West.

Im Jahr 2000 wurde das Café Kranzler geschlossen aber bereits nach Weihnachten, am 27. Dezember 2000 wieder eröffnet – allerdings ausschließlich im Bereich der Rotunde

tagsüber als Café, abends als Bar in dem von Helmut Jahn erbauten Quartier Neues Kranzler-Eck über dem Modegeschäft von Gerry Weber.

Joachimstaler Platz

1936 wurde der zuvor namenlose Platz nach der brandenburgischen Stadt Joachimsthal in der Schorfheide benannt, bzw. nach dem Joachimsthalschen Gymnasium. Dieses war bereits 1607 in Joachimthal gegründet worden, 1688 jedoch wurde der Standort der Schule nach Berlin verlegt und 1880 nach Wilmersdorf an die damalige Kaiserallee (heute Bundesallee). Die dort errichtete große Schulanlage musste das Joachimsthalsche Gymnasium aber bereits 1912 wieder aufgeben – denn es zog nach Templin in der Uckermark.

Die Joachimstalsche Straße erhielt ihren Namen bereits 1887. Unbekannt ist, weshalb Straße und Platz das »h« in ihrem Namen verloren.

Der Platz wurde 1953–55 von Werner Klenke, Werner Düttmann und Bruno Grimmek angelegt. Seine Gestaltung mit Verkehrskanzel, Telefonzellen, Kiosk und U-Bahn-Zugang veranschaulicht die städtebaulichen Modernitätsvorstellungen der 50er Jahre. Die Verkehrskanzel wurde zur Erinnerung an die berühmte Ampel, die 1925 am Potsdamer Platz stand (und als Replik dort auch wieder errichtet wurde). Sie verlor jedoch wegen des verstärkten Verkehrsaufkommens bereits in den 60er Jahren ihre Funktion.

2002 wurde der Platz nach Plänen des Zürcher Landschaftsarchitekten Guido Hager neu gestaltet. Im hinteren Teil wurden anstelle des Parkplatzes Bäume gepflanzt und Parkbänke aufgestellt. Im Dezember 2003 wurde auf dem Joachimstaler Platz ein 27 Meter hoher Obelisk enthüllt, der auf einer beweglichen Kugel steht, die einen Durchmesser von drei Metern hat. Der Obelisk wurde von dem Bauunternehmer Grothe gestiftet.

Wäschehaus Grünfeld und Kudamm-Eck

Schräg gegenüber dem Café Kranzler wurde 1926 eine Filiale des Wäschehauses Grünfeld eröffnet. Das Stammhaus befand sich in der Leipziger Straße – dort setzte man auf Tradition, hier am Kurfürstendamm auf die Moderne. Die gläserne Schaufensterfront und der gläserne Fahrstuhl, beides waren damals absolute Neuheiten. Hier kaufte die Prominenz aus Film, Theater, Musik, aus der Kunst- und Modewelt sowie ausländische Touristen ein. Die jüdische Unternehmerfamlie Grünfeld wurde von den Nationalsozialisten vertrieben, das berühmte Kaufhaus »arisiert« und von Max Kühl übernommen. Dieser führte es in der Nachkriegszeit am Kurfürstendamm Ecke Fasanenstraße weiter. Bis in die 60er Jahre wurde die Ruine des ehemaligen Wäschehauses Grünfeld als dreistöckiger Behelfsbau genutzt.

1969–72 entstand das vom damaligen Senatsbaudirektor Werner Düttmann zusammen mit P. Stürzenbecher, P. Werner, D. Winter und W. Wörner errichtete Kudamm-Eck. Gleich nach seiner Fertigstellung wurde das Bauwerk von vielen als überdimensionierter hässlicher Schandfleck empfunden. In dem verwinkelten Gebäude konnte sich kein Nutzer auf Dauer erfolgreich behaupten, und so forderte man bereits in den 80er Jahren seinen Abriss, zu dem es 1998 auch kam. In den folgenden drei Jahren, bis 2001, errichteten die Architekten Gerkan, Mark und Partner aus Hamburg auf dem Gelände ein 45 m hohes 10-geschossiges Geschäftshaus mit gestaffeltem runden Baukörper und niedrigerem wellenförmigen Sockelgeschoss. An der Fassade zur Joachimstaler Straße wurde eine 70 m^2 große elektronische Video-Werbewand installiert, sowie das Skulpturenensemble »Das Urteil

Links das neue Kudamm-Eck … dahinter der Grothe-Bau.

des Paris« des bekannten Bildhauers Markus Lüpertz angebracht. In das neue runde Kudamm-Eck zogen aus dem Nachbarhaus C&A und ein Hotel.
Auf dem so frei gewordenen Gelände des ehemaligen C&A-Kaufhauses, an der Ecke Joachimstaler und Augsburger Straße, errichtet zur Zeit der Bauunternehmer Hans Grothe ein 17stöckiges Hochhaus, in das ebenfalls ein Hotel einziehen soll. Da der bekannte Schauspieler Manfred Krug befürchtete, seine Dachwohnung in der Rankestraße könne von dem Neubau verschattet werden, versuchte er das Bauvorhaben zu verhindern, hatte hiermit jedoch keinen Erfolg.
Der Neubau wird etwa ebenso hoch wie das gegenüberliegende Allianz-Hochhaus, das bereits1955 gebaut wurde.

Kurfürstendamm Nr. 14/15

1988 wurde hier eine Gedenktafel angebracht:

Hier befand sich von 1917 bis 1986
MAMPES GUTE STUBE
Lieblingslokal des Schriftstellers
JOSEPH ROTH
2.9.1894 – 27.5.1939
der hier im Jahre 1932 seinen Roman
Radetzkymarsch schrieb

Kurfürstendamm Nr. 231

Kaufhaus Wertheim

Die vom Architekten Alfred Messel am Ende des 19. Jahrhunderts errichteten berühmten Bauten des Kaufhauses Wertheim in der Oranienburger und der Leipziger Straße wurden im Zweiten Weltkrieg zerstört.
Neubauten entstanden in der Steglitzer Schloßstraße und am Kurfürstendamm: Hier 1971 von Werner Düttmann und

Hans Soll – in starkem Kontrast zur bestehenden Bebauung. 1983 wurde die Fassade mit einem vorgesetztem, fünfteiligem Bogenfenster durch Rucker & Co. modernisiert und 1991 wurde ein verglastes Geschoss durch Bassenge, Puhan-Schulz, Heinrich und Schreiber aufgesetzt.

Kurfürstendamm Nr. 12

Ehemaliger Gloriapalast

1894 bis 1896 erbaute Franz Schwechten, als einen Teil des so genannten Romanischen Forums, das rund um die Gedächtniskirche ein Ensemble bildete, das erste Romanische Haus sowie den Rolandsbrunnen. Das Haus befand sich auf der westlichen Seite der Gedächtniskirche, zwischen Kurfürstendamm und Kantstraße. In dieses Gebäude wurde 1924/25 von Lessing und Bremer der »**Gloria-Palast**« eingebaut. Dieser befand sich über den im Innenhof des Gebäudes liegenden Restaurationsräumen des Café Trumpf. Das im ersten bis dritten Geschoss gelegene Kino war im neobarocken Stil gehalten – mit heute unvorstellbarer Prachtentfaltung. Es gab sieben Treppenhäuser, drei Aufzüge, einen verspiegelten Wintergarten, Konversations- und Schreibzimmer, Wandelgänge mit Garderoben und Buffets, Kristalllüster, Marmorstufen, seidenbespannte Wände und einen Kinosaal für ca. 1 200 Zuschauer. 1926 wurde der Gloria-Palast mit einer Pantomime von Frank Wedekind und Murnaus Molière-Verfilmung »Tartüff« vor gela-

Das Romanische Haus I

denen Gästen eröffnet. Hier fanden sich zu den Uraufführungen die großen Leinwandstars ein, so auch am 1. April 1930 anlässlich der Uraufführung des »Blauen Engel« Heinrich George und Marlene Dietrich.
Das Kino wurde 1943 bei Bombenangriffen zerstört – die Ruine nach dem Zweiten Weltkrieg abgerissen. Das Grundstück wurde danach nicht mehr bebaut, sondern dem angrenzenden Breitscheidplatz zugeschlagen. 1953 wurde der »neue« Gloria-Palast in einem Neubau am Kurfürstendamm 12–13 eröffnet. An diesem Standort blieb das Kino bis zu seiner Schließung im Jahr 1998. Heute befindet sich in dem Gebäude ein Bekleidungsgeschäft.

Auch das Grundstück Kurfürstendamm 12 ist ein gutes Beispiel für den raschen Wechsel von Mietern und Einrichtungen. Hier wurde 1892/93 ein Wohnhaus errichtet. Im Erdgeschoss machte zunächst ein Kunstgärtner ein Blumengeschäft auf, später wechselten die Betreiber von Cafés und Restaurants fast jährlich. Unter anderem gab es hier das »Englische Café«, das Weinhaus Kurfürst, das Bierrestaurant Siechen, die Pension Kurfürstenhof, das Deutsche Bierhaus und seit 1934 das Restaurant Burgkeller. 1907 berichtete die

Presse, ein Dienstmädchen wäre in seiner im Dachgeschoss befindlichen Schlafkammer bei starkem Frost beinahe erfroren.
Das Gebäude wurde im Zweiten Weltkrieg zerstört.

Kurfürstendamm Nr. 236

Marmorhaus

Die Geschichte des Kinos **Marmorhaus** ist hingegen ein Beispiel dafür, dass es am Kurfürstendamm auch dauerhafte, über lange Zeit erfolgreiche Einrichtungen gab. Das Haus wurde 1912–13 nach Plänen der Architekten Scheibner und Eisenberg unter der künstlerischen Bauleitung Hugó Páls erbaut. Die Fassadenverkleidung bestand aus weißem schlesischen Marmor, und es hatte ein hohes Walmdach. Stilistisch ist es der beginnenden Moderne zuzuordnen, im Inneren zeigte es Anklänge an den Expressionismus. Neben der Filmbühne Wien war das Marmorhaus eines der ältesten Kinos Berlins. Die erste Vorstellung fand am 18.03.1913 statt. 1919 war hier die Welturaufführung Robert Wieners »Das Kabinett des Dr. Caligari«. Noch am 22. Januar 1945 fand im Marmorhaus die Premiere des Films »Solistin Anna« statt. Den Zweiten Weltkrieg hatte das Gebäude weitgehend unbeschadet überstanden, und bereits im Mai 1945 gab es hier wieder Filme zu sehen. In den 50er Jahren löste der Zoo-Palast das Marmorhaus als Premierenkino ab. Danach wurde das Haus mehrfach umgebaut, 1974 in acht Schachtelkinos unterteilt, was bei der letzten aufwendigen Sanierung, 1997, jedoch wieder rückgängig gemacht wurde. Im Jahr 2001 wurde das zur UFA gehörende Traditionskino geschlossen und setzte damit nach der Schließung des »Gloria« (1998) und der »Filmbühne Wien« (2000) das Sterben der Kinopaläste am Kurfürstendamm fort.

Auch in diesem Gebäude befindet sich heute ein Modegeschäft.

Breitscheidplatz

Dieser Platz wurde 1889 unter dem Namen Gutenbergplatz angelegt und 1895 mit der Kaiser-Wilhelm-Gedächtniskirche und zwei Romanische Häusern bebaut. Zu Ehren der Gemahlin des Kaisers wurde er nun in Auguste-Viktoria-Platz umbenannt.

Nach dem Zweiten Weltkrieg wurde der Name des Platzes abermals geändert, und zwar 1947 in den des ehemaligen SPD-Reichstagsabgeordneten und Gegners des Nationalsozialismus, **Rudolf Breitscheid**. Eine Gedenktafel erinnert an ihn:

RUDOLF BREITSCHEID
*1874 IN KÖLN †1944 IM KZ BUCHENWALD

1920 – 1933
SOZIALDEMOKRATISCHER REICHSTAGSABGEORDNETER

»DIE GESCHICHTE WIRD EINMAL EIN VERNICHTENDES URTEIL NICHT NUR ÜBER DIEJENIGEN FÄLLEN, DIE UNRECHT GETAN HABEN, SONDERN AUCH ÜBER DIE, DIE DEM UNRECHT STILLSCHWEIGEND ZUSAHEN.«

1956–60 wurde bei einem grundlegenden Umbau des Platzes der Kreisverkehr aufgegeben. In seinem Zentrum wurden der als Mahnmal gegen den Krieg gesicherten Turmruine der Kaiser-Wilhelm-Gedächtniskirche zu beiden Seiten die von Egon Eiermann 1959 bis 1963 errichteten Neubauten angefügt. Die östliche Begrenzung des Platzes bil-

det seither das 1963 bis 1965 errichtete Hochhaus des Europa-Centers. 1977/78 entstand durch die Umgestaltung und Schließung der so genannten Schnalle (Straßenverbindung zwischen Kurfürstendamm und Budapester Straße) ein weitläufiger, zusammenhängender Fußgängerbereich. Bereits fünf Jahre später wurde der Platz von 1982 bis 1984 durch Ivan Krusnik und Oskar Reith erneut umgestaltet, unter anderem mit dem aus rotem Granit bestehenden und mit Bronzefiguren versehenen Weltkugelbrunnen (»Wasserklops«) von Joachim Schmettau. Eine abermalige Umgestaltung des Breitscheidplatzes durch das Landschaftsarchitekturbüro Heike Langenbach/Roman Ivancsics wurde im Mai 2005 in Angriff genommen: Durch die Schließung des Autotunnels im Zuge der Budapester Straße soll eine einheitliche Fläche geschaffen werden. Zudem ist die Entfernung der Hochbeete geplant.

Kaiser-Wilhelm-Gedächtniskirche

Mit der Kaiser-Wilhelm-Gedächtniskirche wollte Kaiser Wilhelm II. einen starken monarchischen Akzent setzen. Er ließ sie nach eigenen Vorstellungen auf dem nach der Kaiserin benannten Auguste-Victoria-Platz errichten. Die Einweihung war am 1. September 1895. Der 1. September war der Vorabend des Sedantages (des Nationalfeiertags im Kaiserreich), der an die siegreiche Schlacht im Jahr 1870 gegen Frankreich erinnerte. Alle Gebäude rund um die Kirche mussten wie diese ebenfalls im romanischen Stil gebaut werden. Der Platz bildete gemeinsam mit seiner Umgebung das so genannte Romanische Forum. Der Architekt Franz

Schwechten wurde angewiesen, zum Teil detaillierte Vorgaben des Kaisers zu beachten. Ursprünglich war als Standort der Kirche der Wittenbergplatz geplant. Mit ihrem Namen wurde die Kirche Kaiser Wilhelm *dem Ersten* gewidmet, dem Großvater von Wilhelm *dem Zweiten*, aber selbstverständlich bezog der ehrgeizige Enkel und Bauherr den Namen auch gerne auf sich selbst. Konzipiert war die Kirche als spätromanische Zentralanlage in Form eines lateinischen Kreuzes. Die Errichtung dieses an eine Kaiserpfalz erinnernden sakralen Monumentalbaus diente weniger einem religiösen Bedürfnis als dem kaiserlich-staatlicher Repräsentation.

Die **Kaiser-Wilhelm-Gedächtniskirche** wurde im Zweiten Weltkrieg schwer beschädigt. Lange Zeit war geplant, die Ruine komplett abzureißen und den Platz für den Straßenverkehr vollständig zu öffnen. Den Stadtplanern war sie von Anfang an wohl im Weg gewesen. Erst nach heftigen Protesten der Bevölkerung wurde die Ruine nach einem Teilabriss gesichert und als Mahnmal erhalten. Von 1959 bis 1963 entstanden nach einem Wettbewerb die Neubauten von Egon Eiermann: Ein Sechseckiger Turm mit Trauungs- und Taufkapelle, der Hauptbau in Form eines Oktogons mit einer Gedenkstätte für die Opfer des Nationalsozialismus. Die Außenverkleidung besteht aus wabenförmigen Betonplatten in die blaue Glasflächen eingelassen sind. Diese stammen von Gabriel Loire aus Chartres. Im Foyer befindet sich die übergemeindliche Einrichtung der Missionarischen Dienste der Evangelischen Kirche. Hier werden Kontakt- und Gesprächsmöglichkeiten für einsame Menschen, sowie für Drogensüchtige, Obdachlose oder Menschen in Krisensituationen angeboten.

Seit 1987 dient der mit Resten von Mosaikarbeiten verzierte Eingangsbereich des ehemaligen Kirchenbaus als Gedenkhalle; hier wurden das Nagelkreuz der Kathedrale von Coventry, ein Ikonenkreuz der Russisch-Orthodoxen Kirche und die beschädigte Christusfigur vom Altar der alten Kirche aufgestellt. Freitags wird in der Gedenkhalle das Versöhnungsgebet von Coventry abgehalten. An der östlichen Außenwand des alten Turmes sind seit 1988 vier Sandsteinskulpturen von Stefan Kaehne zu sehen.

Europa-Center

Bauherr des Europa-Centers war der 2003 verstorbene Karl-Heinz Pepper. Hausherr ist jetzt sein Sohn Christian Pepper. **Das Europa-Center** wurde im Anschluss an den Neubau der Gedächtniskirche 1963 bis 1965 von Helmut Hentrich und Hubert Petschnigg sowie unter künstlerischer und städtebaulicher Beratung von Werner Düttmann und Egon Eiermann als erstes tatsächliches Hochhaus Berlins erbaut. Es besteht aus einem 22geschossigen Hauptgebäude mit einer vorgehängten Stahl-Glas-Fassade und aus einem vorgelagerten drei- bis fünfgeschossigen Sockelbau – dem so genannten Eiermann-Bau. 1974 wurde die Eisbahn im Innenhof entfernt und die ursprünglich offenen Innenhöfe überdacht. Heute befindet sich an dieser Stelle ein terrassenförmig über einem Wasserspiel angelegtes Café. Bei einem Umbau im Jahr 1982 wurde die (Wasser-)»Uhr der fließenden Zeit« des Pariser Physikers Bernard Gitton installiert. Im Europa-Center befindet sich unter anderem das Domizil des Kabaretts »Die Stachelschweine«. Auf dem Dach wurde ein 14 m hoher, drehbarer und weithin leuchtender Mercedesstern montiert. Vor der am Tauentzien gelegenen Gebäudeseite wurde 1987 eine Licht-Stele von Heinz Mack aufgestellt.

Ehemaliges Romanisches Haus II

Das Europa-Center wurde auf dem Grundstück des ehemaligen, im Krieg zerstörten, zweiten Romanischen Hauses errichtet, in dem sich das legendäre **Romanische Café** befand. Dieses Gebäude wurde nach den Vorstellungen von Kaiser Wilhelm II. und nach Plänen von Franz Schwechten 1901 als Wohnhaus an der Ostseite des Auguste-Viktoria-Platzes (zwischen Tauentzienstraße und Kurfürstendamm) gebaut. Es war Teil des so genannten Romanischen Forums. Im Erdgeschoss eröffnete zunächst das Hotel Kaiserhof eine Konditorei, später entstand hier das berühmte Romanische Café. Es wurde in den 20er Jahren zum legendären Treffpunkt aller Film- und Theaterleute, Schriftsteller, Künstler und deren Mäzene aus der Finanzwelt und den großen Buch-, Kunst- und Zeitungsverlagen: Kurt Tucholsky, Joachim Ringelnatz, Ernst Rowohlt, Egon Erwin Kisch, Anita Berber, Otto Dix,

Heinrich Zille, Asta Nielsen, Alfred Kerr, Billy Wilder, Gottfried Benn, Ernst Lubitsch, Fritz Lang, Elisabeth Bergner, George Grosz, Bert Brecht, Heinrich Mann, Carl Zuckmayer, Rudolf Nelson, Trude Hesterberg, Joseph Roth und und und. Es dürfte kaum einen prominenten Intellektuellen oder Künstler der Weimarer Republik gegeben haben, der hier nicht gesehen wurde. Über das »Romanische« wurden unzählige Erinnerungsbücher geschrieben, und jeder Autor zählt in ihnen seine persönlichen Stars auf, mit denen er hier zusammen saß.

Auch die schärfsten Kritiker des Kaiserreichs trafen sich hier, in einem Haus, das zusammen mit der Kaiser-Wilhelm-Gedächtniskirche zu den pompösen Symbolen eben jener Epoche gehörte, die man kritisierte. Es war wohl wie eine Herausforderung für beide Seiten.

Viele Berichterstatter staunten über den auffälligen Gegensatz zwischen dem legendären Ruf, den das Café hatte, und seinem eher unattraktiven Interieur. Wie eine Bahnhofswartehalle wirkte der Raum: kalt und ohne Atmosphäre mit hohen Wänden und Marmortischen. Das Café lebte ganz und gar von seinen berühmten Gästen.

Das Romanische Haus II, in dem sich das Café befand.

Das Romanische Haus I, ehemals Domizil des Gloria-Palastes.

Als einziges Gebäude des Romanischen Forums blieb das Geschäfts- und Bürohaus Kaisereck an der Rankestraße erhalten. Dieses Haus wurde erst kurz vor dem Ersten Weltkrieg (1913 bis 1915) von Emil Schaudt gebaut. Es verbindet Elemente der Neoromanik mit sachlich-moderner Funktionalität.

Für den Breitscheidplatz sind in den nächsten Jahren Reihe von Neubauten geplant:
Der 230 m lange Autotunnel in der Budapester Straße wurde bereits im Mai 2005 geschlossen und wird, um eine bessere Anbindung des Zoobogens und des so genannten Bikinihauses an den Breitscheidplatz zu erreichen, zugeschüttet.
Der Senat der Stadt Berlin bezuschusst diese Baumaßnahme mit 500.000 Euro. Um den Breitscheidplatz übersichtlicher zu gestalten, wird das Bezirksamt Charlottenburg–Wilmersdorf neue Grünflächen anlegen und Sitzbänke aufzustellen.
An der Spitze zwischen Kant- und Hardenbergstraße (dem sog. Tortenstück gegenüber dem Zoopalast) will die Firma Casia Immobilien ein dreieckiges, zum Breitscheidplatz spitz zulaufendes 37 m hohes, 9stöckiges Gebäude mit einer sandsteinfarben Fassade errichten.
Das so genannte »Schimmelpfeng-Haus« mit dem Brückenbau über der Kantstraße soll abgerissen werden. Auf diesem Areal plant ebenfalls die Frankfurter Firma Casia Immobilien ein zwischen Kurfürstendamm und Kantstraße gelegenes, 119 m hohes, gläsernes Hochhaus mit 33 Etagen zu bauen. Das wird dann das derzeit höchste Gebäude der City-West. Im Anschluss daran, direkt am Breitscheidplatz und Kurfürstendamm, soll – ebenfalls mit einer Glas-Fassade versehen – ein 8stöckiges Bürohaus entstehen. In den unteren Stockwerken beider Gebäude sollen Boutiquen, Einzelhandelsgeschäfte, Gastronomiebetriebe und Einrichtungen für Freizeit- und Unterhaltung einziehen.

Übrigens war die Kaiser-Wilhelm-Gedächtniskirche vor Ihrer Zerstörung mit 113 Metern fast genau so hoch wie die geplanten Wolkenkratzer. Heute misst die Kirche allerdings nur noch 68 Meter.

Abbildungsnachweis

Wolfgang Homfeld	14 oben, 32 rechts, 50 oben + mitte, 52, 54, 61, 84, 90 oben links, 90 unten links, 92, 125 mitte, 126, 127, 130, 131, 139, 140 rechts, 141 bis 147, 150.
Bezirksamt Charlottenburg–Wilmersdorf	13, 14 mitte, 27, 46 links + rechts, 70, 83 rechts, 50 mitte, 51 unten, 78 oben, 78 mitte, 161, 181.
Heimat-Archiv	32, 65, 69, 48, 122, 123, 179, 191, 198, 143 mitte + rechts
Kaufhaus Wertheim	190
Bar jeder Vernunft	87
Theater am Kurfürstendamm	173
Justus Meißner Lange + Grigoleit	134
Raimund Müller	6, 8

Alle weiteren Abbildungen stammen aus dem Archiv des Verlages.